El ARTE de CONQUISTAR LECTORES

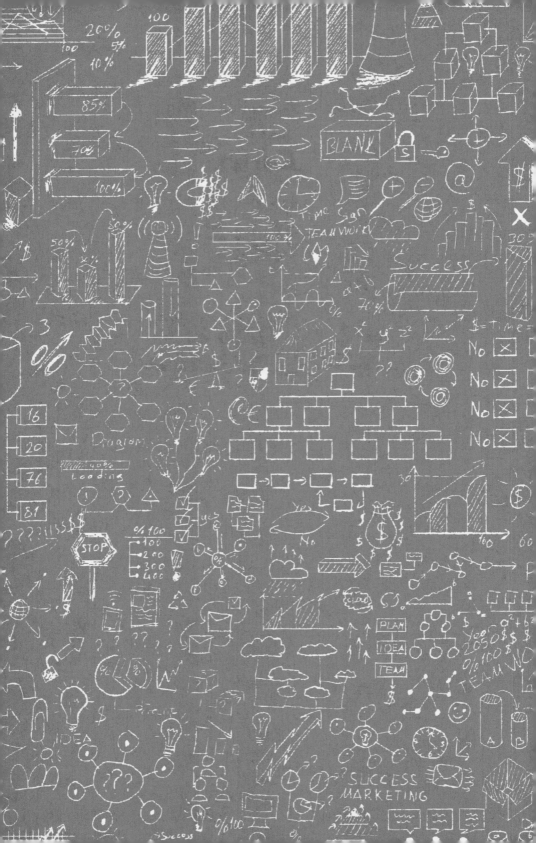

El ARTE de CONQUISTAR LECTORES

El marketing de libros en la era digital

PILAR GORDOA

Grijalbo

El papel utilizado para la impresión de este libro ha sido fabricado a partir de madera
procedente de bosques y plantaciones gestionadas con los más altos estándares ambientales,
garantizando una explotación de los recursos sostenible con el medio ambiente y beneficiosa para las personas.

El arte de conquistar lectores
El marketing de libros en la era digital

Primera edición: mayo, 2024

D. R. © 2024, Pilar Gordoa

D. R. © 2024, derechos de edición mundiales en lengua castellana:
Penguin Random House Grupo Editorial, S. A. de C. V.
Blvd. Miguel de Cervantes Saavedra núm. 301, 1er piso,
colonia Granada, alcaldía Miguel Hidalgo, C. P. 11520,
Ciudad de México

penguinlibros.com

ISBN: 978-607-384-218-1

Impreso en México – *Printed in Mexico*

Paulo, amor mío, siempre habrá
una razón para mirar al cielo.

ÍNDICE

INTRODUCCIÓN

SI UN LIBRO TENÍA MARKETING, SIGNIFICABA QUE ERA UN MAL LIBRO

La sala de cine era pequeña: no albergaba más de 200 butacas, pero había que llenarla. En aquel entonces los eventos se difundían a través de anuncios en los periódicos, la televisión y la radio, pero como no había dinero, lo más barato era mandar a hacer volantes y distribuirlos afuera de las preparatorias y universidades, así como de las plazas comerciales.

Se trataba de un maratón de cuatro horas de *Los Simpson* con motivo de la presentación del libro *Guía para la vida*, de Matt Groening, el cual brindaba toda una serie de consejos para manejarse por la vida al más puro estilo de Bart Simpson.

El furor de aquel entonces por la serie era inusitado, así que aproveché el contacto que tenía con la gerente de relaciones públicas de la distribuidora 20th Century Fox para conseguir una sala de cine gratis, por un día. Ella me facilitó algunos capítulos de la serie para cubrir las cuatro horas que pensábamos para el maratón.

Recuerdo haber ido al mercado de Sonora, en la Ciudad de México, a comprar sendos costales de palomitas de maíz —no se podía construir un maratón de *Los Simpson* sin palomitas— y bolsas de papel estraza. Mandé a producir un sello de Bart Simpson mostrando el trasero, como aparecía en el libro, para marcar dichas bolsas y luego llenarlas con las palomitas. Dos colegas me acompañaron para llevar entre las tres 10 costales. Tardé un par de días en marcar las bolsas con el sello y en embolsar las palomitas en mi pequeña oficina.

El evento fue un éxito. La sala se llenó, se vendieron libros dentro y en el pequeño grupo de personas que asistió se sembró la semilla para cosechar un futuro "boca a oreja".

Buscarme la vida

He trabajado para la industria editorial por más de 28 años, y durante todo este tiempo he tenido la fortuna de observar su evolución.

Comencé en 1996, cuando fui contratada para coordinar el Departamento de Prensa y Relaciones Públicas de Ediciones B, una editorial que en aquel entonces pertenecía al grupo español multimedia Grupo Zeta.

La sede mexicana para la que fui contratada era pequeña y había muy pocos empleados; las actividades editoriales no existían como tal, pues no se producían libros localmente, lo que hacíamos era distribuir los libros que importábamos de la oficina española.

México era visto como un mercado de segundas oportunidades, es decir, un lugar al que podían llegar los títulos que se habían producido de más o aquellos que no habían funcionado como se esperaba en el mercado español.

Al hacerme entrega del puesto, la persona que lo dejaba me comentó que el trabajo era muy fácil: se trataba "de hacerles la barba a los periodistas y de quedar bien con el jefe". En una semana me di cuenta de que yo no sabía cómo hacer eso.

Mi iniciación en la industria editorial fue muy complicada: trabajaba medio día y estudiaba la otra mitad; no recibí ninguna capacitación sobre la rama ni el mercado, salvo por una explicación muy escueta del catálogo que tenían en la editorial.

Entendí que tenía que "buscarme la vida", frase que me acompañaría desde siempre —y hasta ahora— en mi trayectoria. Y es que las editoriales solían tener un departamento de prensa y relaciones públicas, pero no uno de marketing, pues, incluso, esta disciplina era considerada como antagónica a la buena edición. Me explico: el marketing no era del todo bien visto porque, además de representar un gasto —que pocas editoriales podían permitirse—, era muy difícil medir su impacto.

Para muchos editores y directores generales en el mundo de la edición en español el marketing era la versión más burda de la manipulación para lograr que los lectores se acercaran a las obras que publicaban. Si un libro tenía marketing, era sinónimo de ser un mal libro.

Así, con el tiempo, mientras iba adquiriendo experiencia en Ediciones B y hacía envíos de libros a los periodistas, caí en cuenta de que esos esfuerzos no eran, ni de lejos —y contrario a lo que creían los editores—, suficientes para lograr vender.

Con productos importados y sin presencia de los autores no era sencillo captar la atención de los medios de comunicación; el campo de acción se limitaba solo a aquellos que tenían espacios dedicados a reseñas.

Por suerte, y conforme la editorial iba ganando un lugar en el mercado mexicano, poco a poco pudimos traer al país a algunos escritores para promover su obra.

> **Si un libro tenía marketing, era sinónimo de ser un mal libro.**

Se abrió entonces un mundo de posibilidades para colaborar con autores: organicé presentaciones en universidades, agendas de entrevistas, ruedas de prensa, pero aun así el trabajo seguía siendo mucho y el impacto en ventas muy poco.

El campo de acción en aquella época para la promoción de libros se limitaba a las relaciones públicas; no cabía pensar en planes de marketing porque no había dinero para ejecutarlos.

Así pues, tuve que "buscarme la vida" e inicié mis pininos en la organización de eventos, hacer alianzas, buscar patrocinios e intercambiar libros —al más puro estilo del antiguo comercio— por lo que fuera necesario para obtener recursos.

Lograr "mucho con nada" era la métrica del éxito.

Las primeras veces

La colección se llamaba Ficcionario y mi estrategia de lanzamiento fue un fracaso estrepitoso. La publicación tenía una gran envergadura para Ediciones B, pues representaba su incursión en la literatura, pero también en la edición local. La idea era convocar a periodistas de la sección de Cultura de diferentes periódicos a un desayuno en un hotel de lujo para que difundieran la noticia de la creación de esta nueva colección y de los autores locales e internacionales que formarían parte la misma.

Teníamos presupuesto para ofrecer el desayuno a 25 periodistas. Sin embargo, para mi sorpresa —y la de todos mis colegas, incluido mi jefe—, solo llegaron tres. Sí, solo tres. Los había citado a las 8:00 de la mañana.

En retrospectiva, había sido un milagro que llegaran esos tres: un periodista nunca llegará a un evento antes de las

10:00 de la mañana a menos que la presencia de un autor emblemático lo obligue a levantarse temprano.

De camino del hotel en el que fue el desayuno hacia la editorial pensé que me pedirían que recogiera mis cosas y me fuera a la calle. No fue así, pero si hubiera tenido una mínima capacitación —porque estaba claro que experiencia no tenía— los resultados de ese evento hubieran sido distintos.

Pasé cinco grandiosos años en Ediciones B. Aprendí mucho, me equivoqué tanto más, pero también hubo aciertos. Tuve de cerca a maravillosos colegas que en muchas ocasiones me hicieron sentir como en casa.

En esa editorial hice "las primeras veces" de tantas cosas… como una agenda de medios, presentaciones, volanteo, venta de publicidad, distribución de una revista… cosas que, sin saberlo, me irían formando y perfilando hacia lo que me dedicaría durante el resto de mi vida profesional.

Fue en Ediciones B donde, a los 21 años, me gané mi primera promoción: de una coordinación en relaciones públicas pasé a una gerencia en marketing y ferias. Tampoco imaginé que desde entonces, y hasta la fecha, el equipo de producción, que se encarga de gestionar la impresión de los libros, me reportaría.

La verdadera escuela

En 2001, el director general de Grijalbo-Mondadori me invitó a trabajar en la compañía. La gran diferencia entre Ediciones B y Grijalbo-Mondadori radicaba en el tamaño de las editoriales: mientras que la primera distribuía 90% de su catálogo y editaba localmente 10%, la segunda editaba localmente un poco más de 50% de su programación anual y tenía un presupuesto bastante acotado para promoción y publicidad.

Aunque escribo "acotado" en realidad pensaba que era una fortuna la que iba a administrar. El puesto que me ofrecieron en Grijalbo-Mondadori fue de gerente de Promoción y Publicidad —nótese que la palabra *marketing* no existía pese a la fuerza que Grijalbo tenía en el mercado mexicano—. Se convirtió en mi verdadera escuela.

Los compromisos con autores locales eran tremendos: cada semana atendíamos, por lo menos, dos agendas de prensa. Se trabajaba muy poco con acciones en el punto de venta y, aunque por la descripción del puesto se suponía que haría publicidad, esta se limitaba a la publicación de esquelas para autores que habían fallecido o al anuncio en periódicos de la presentación de un libro. Es decir, todo giraba de nuevo en torno al arte de las relaciones públicas.

¡Ah!, pero eso sí, producíamos muchos separadores. Estos eran el único material promocional que los lectores podían encontrar en las librerías. También hacíamos un boletín de novedades, herramienta que los vendedores usaban para ofrecer los títulos a los compradores de las librerías y de otros canales no especializados.

Es cierto: cuando me incorporé al equipo de Grijalbo-Mondadori tampoco tuve capacitación, pero ya tenía sobre mi espalda cinco años de trabajo que me brindaban la experiencia mínima para poder desempeñar mi cargo.

En Grijalbo-Mondadori había un equipo de cuatro personas (en Ediciones B tenía a dos): una asistente, un mensajero y dos personas que apoyaban en la coordinación de agendas de entrevistas y de acciones para los autores. Cuál fue mi sorpresa al ver que la única persona que tenía una computadora para trabajar era yo; las demás solo contaban con un teléfono y un cuaderno. No di crédito, así que la primera reunión con mi jefe directo —el director general— fue para pedirle computadoras para todos; abrió los ojos y me respondió que solo los gerentes podían tenerlas, pero que vería qué podía hacer.

Fue muy duro el paso de una editorial a otra. El ambiente laboral del que venía estaba lleno de cordialidad; había problemas como en todas las empresas, sí, pero nos divertíamos y había un gran respeto por el trabajo del otro. En cambio, el ambiente en Grijalbo-Mondadori era sumamente hostil. Durante dos meses pensé que había tomado la peor decisión de mi vida (en ese tiempo me enfermé de puro estrés).

Mientras me acostumbraba a las nuevas reglas del juego fui entendiendo cómo eran los procesos internos y también fui creando los de mi área. Hace un par de años, en una dinámica del área de recursos humanos llamada Un café con el director, me preguntaron por qué había tanta capacitación en mi área —y no así en otros equipos—. Respondí que para mí la capacitación era clave para que los empleados pudieran desenvolverse mejor; un empleado que siente que es capaz de hacer su trabajo tiene mucha más confianza, y, como consecuencia, se vuelve más productivo.

La capacitación y el acompañamiento son puntos clave en la incorporación de cualquier persona a una empresa, pero también son clave para su desarrollo profesional. Por otro lado, soy una maestra frustrada —esa era mi vocación en la vida—, y estoy consciente de la forma en la que me incorporé a la empresa: sin conocer ni saber nada de cómo afrontar los desafíos que me esperaban.

El concepto de *marketing editorial*

Después de esos meses de locura comencé a trabajar con pequeñas acciones dirigidas a los canales de venta. Hice capacitaciones con autores para el personal que atendía a los lectores en las librerías; desarrollé materiales promocionales para el punto de venta (como exhibidores, cenefas, catálogos, folletos) y trabajé más a fondo en la publicidad, contratando páginas en revistas especializadas o pautas de radio que generaban impacto en las ventas.

Inicié con lo que hoy llamamos *marketing de experiencias.* Es decir, que, en lugar de presentar un libro de la forma tradicional, o de hacer una presentación de novedades para los clientes a través de un Power Point, hacíamos un pequeño espectáculo o un sketch alusivo al libro que se estuviera presentando. También llevé a cabo incentivos para libreros; por ejemplo, premiábamos las exhibiciones extraordinarias en librerías con un viaje al Amazonas o un destino de playa. Utilicé el libro propiamente como vehículo de difusión, insertándole un separador promocional o un volante que podía incluir una promoción o información relevante sobre la visita de un autor.

Así fue como dimos a conocer que Paulo Coelho vendría a México en 2002: pusimos en todas las reimpresiones un volante que informaba sobre las fechas en las que el autor brasileño estaría en nuestro país. Luego, en 2008, a través de un separador insertado en todos los libros del sello Debolsillo —más un sticker en las portadas de cada ejemplar— comunicamos las acciones de responsabilidad social con nuestro socio Unicef en favor de que todos los niños mexicanos pudieran tener mejores oportunidades de educación.

De tal modo que la industria editorial se estaba adaptando a las nuevas formas de comunicar sus contenidos: crecían los canales de distribución y se abría un mundo de posibilidades para llegar a los lectores, pero aún no se avecinaba la gran disrupción que traerían las redes sociales o la venta en línea.

Y aunque soy comunicóloga de formación, necesitaba basarme no solo en el conocimiento empírico de la promoción, sino que debía formarme técnicamente, por lo que me especialicé en marketing con un posgrado en la materia. Así fue como se me ocurrió crear el concepto de *marketing editorial*, pues recibía mucho conocimiento sobre el marketing en general, pero no podía adaptarlo todo a la industria; esta posee muchas peculiaridades que el marketing de consumo o de servicios no contempla.

Una de las cosas que desarrollé en ese máster fue el primer proyecto de máquinas expendedoras de libros para colocar en el transporte público. No pudimos llevarlo a cabo, pero su diseño trajo consigo muchos beneficios. Por ejemplo, decidí que debía ser una agente activa en la transformación de la industria aportando lo que dependía de mí y no de la editorial. Me refiero a capacitar a otros profesionales para ayudarlos a entregar valor a los lectores y capturar valor de ellos. Desde entonces, también me dedico a la docencia para los profesionales del libro.

Con la gran saturación de materiales promocionales que se utilizaban para exhibir libros en los puntos de venta, más la presión que ejercían los clientes para diferenciarse de su competencia, adelantamos la personalización de acciones adaptando a cada perfil de cliente las campañas promocionales. El mensaje y el planteamiento estratégico era el mismo, pero su ejecución se diferenciaba para cada punto de venta.

Por ejemplo, si teníamos una campaña para el Día de las Madres todos los mensajes se comunicaban de la misma manera, pero diferenciábamos la promoción en cada punto de venta. Esta diferenciación podía darse tanto en la selección del producto a ofrecer hasta en el tipo de materiales promocionales que se usaban para destacar la exhibición.

De tal modo que los canales de distribución eran dueños de la información, tanto de la venta como del consumidor. Las editoriales no teníamos acceso a la información sobre el comportamiento de los compradores de libros, así que dependíamos de la generosidad de la cadena de distribución (o de la observación de los vendedores —nuestros mercadólogos empíricos— dada su cercanía con los clientes) para obtener dicha información y así crear campañas de promoción de los libros.

Esta evolución del mercado trajo consigo grandes cambios en la compañía. Establecida en 1998, pasó a formar, en 2001, una *joint-venture* en sociedad al 50% con Random House. Así fue como nació Random House Mondadori. Y 11 años después, hacia finales de 2012, Grupo Bertelsmann anunció que adquiriría el 50% de Mondadori para poder terminar la joint-venture. Ese mismo año anunció que se fusionaría con Pearson adquiriendo el 53% de la empresa resultante, pero no fue sino hasta el 1 de julio de 2013 que se formaría Penguin Random House.

Mientras tanto vino el auge de la publicidad en la calle, también llamada OOH (*out of home*, por sus siglas en inglés). Refugiatones, autobuses, vallas, espectaculares, metro o cualquier medio de transporte donde pudiera colocarse cartelería para promover libros era bueno y, sobre todo, mucho más accesible que los anuncios televisivos que estaban fuera del alcance de la gran mayoría de las editoriales por sus altos costos, no solo de transmisión, sino también de producción.

La publicidad en la radio, revistas y periódicos masivos y especializados también evolucionó. Como había pocos recursos para invertir en publicidad, se solían promover varios títulos en espacios muy pequeños; había que aprovechar al máximo la inversión. Se pensaba que esta estrategia (poner la mayor cantidad de libros en un espacio publicitario) servía, pero en realidad significaba una pérdida, pues no lograba el resultado esperado y tampoco generaba impacto en el consumo. Por eso, tanto para la publicidad en exteriores como en medios tradicionales cambiamos la estrategia para que cada anuncio tuviera un solo título.

Así, mientras la publicidad física encontraba nuevos caminos de notoriedad, en el terreno digital el email marketing fue quizá una de las primeras tácticas disponibles. A través de formularios impresos comenzamos a recabar información del consumidor. Las librerías también hicieron lo propio.

Esta captación de información la utilizaríamos ambos para crear newsletters con contenido relevante sobre nuevos lanzamientos, promociones o eventos exclusivos para los consumidores. Como editores queríamos aparecer en las newsletters de los canales de venta que llegaban a miles de interesados en los libros cada mes (o cada semana, dependiendo de su periodicidad), pues a pesar de que editores y canales hacíamos las labores de recolectar información del lector, ellos las llevaban siempre de ganar porque nosotros no hacíamos venta directa.

Una verdadera disrupción en la industria

Poco antes del año 2000 fuimos testigos del nacimiento de Google; Microsoft lanzó MSN y Yahoo! abrió su web de búsquedas, pero no fue sino hasta 2006 cuando se reportó un incremento de tráfico exponencial en los buscadores por internet. Su aparición nos permitió obtener información de los libros de manera más fácil y, entre muchas otras ventajas, un mundo de inspiración se abrió ante nuestros ojos.

Un hito indiscutible que vino después fue la aparición de las redes sociales; en México la primera fue MySpace, seguida por Facebook. Cuando recién aparecieron aún no encontraban el modelo para ganar dinero, así que se convirtieron en la forma más natural para conectar con los consumidores de nuestros productos. Tampoco existían los algoritmos, por lo que los consumidores seguían libremente lo que les interesaba sin ningún tipo de presión o intrusión publicitarias.

Aún recuerdo cuando abrimos nuestro primer perfil en Facebook. El objetivo más grande en aquel entonces era encontrar la forma en la que debíamos conectar con nuestra audiencia para conseguir más followers. La competencia estribaba en eso: en obtener la mayor cantidad de seguidores en el menor tiempo posible. Probamos de todo para lograrlo: concursos de distintos tipos, frases o citas de los libros, primeros capítulos para leer gratuitamente.

Después de obtener followers el objetivo era alcanzar al mayor número de personas a través de la calidad de nuestros contenidos; era maravilloso crear un post y ver que este podía alcanzar fácilmente a más de 100 mil personas de forma orgánica, sin necesidad de invertir un solo peso, sin embargo, esos tiempos quedaron atrás.

Antes de la aparición de las redes sociales la publicidad en plataformas digitales se basaba en poner anuncios tipo banners en los sitios web de mayor tráfico o en los buscadores. Con su nacimiento se fueron abriendo posibilidades para conectar con la audiencia objetivo, además de otras tácticas como el SEO (*search engine optimization*), el *pay per click* y el marketing de contenidos, los cuales lograron una verdadera disrupción en la industria, con la cual se pasó de hacer un anuncio publicitario de un solo libro para todas las audiencias a crear diversos anuncios del mismo producto para conectar con diferentes audiencias interesadas en nuestra propuesta. Por ejemplo, *¡Cómo salir del pozo!* de Andrés Oppenheimer es un libro que ofrece nuevas perspectivas para salir de la insatisfacción luego de revelar que el descontento y la infelicidad son un fenómeno global. Este libro es del interés de múltiples audiencias; la clave está en cómo hacer que diferentes públicos se identifiquen con los mensajes que la editorial les manda. No es lo mismo conversar con una ejecutiva que con un líder político o con una ama de casa que con una maestra escolar; el descontento y la infelicidad pueden tener un lugar común, pero la manera en la que cada público se identifica con el mensaje que envías es muy diferente.

Así, personalizar la experiencia del consumidor se ha vuelto una pieza esencial en el marketing de la era digital. Por supuesto que todo este cambio se debe a los avances tecnológicos que han facilitado que muchas empresas puedan obtener datos de los consumidores a través de la creación de diferentes campañas de marketing. Analizar de primera mano, sin intermediarios, el comportamiento del consumidor permite la creación de mensajes con los que los lectores pueden identificarse. Genera *engagement*.

Todo este mundo de información que se puede obtener ahora ha hecho muy relevante la analítica. De hecho, nunca había sido tan importante como ahora, pues hemos pasado de examinar las ventas a analizar cada uno de los momentos por los que pasa un consumidor en todas las plataformas posibles. Es a través de esta analítica que las decisiones de marketing pueden ser más asertivas y asegurarse de optimizar el retorno de inversión.

Otro de los grandes hitos para el marketing editorial en la era digital fue la aparición de la *cookie*, pues logró que pudiéramos encontrar más formas de capitalizar la tecnología. La primera fue diseñada para obtener los usos y costumbres de los internautas; con el paso de los años han sido codificadas para ofrecer muchas formas de acceder a los datos de los consumidores.

Con las *cookies* pudimos comenzar a trabajar con el remarketing.

Para mediados de la década de 2010 la era del teléfono celular tuvo su auge —ahora tan común para todos—. Este vino acompañado por la introducción al mercado de WhatsApp, Instagram y Snapchat. Los sitios web comenzaron a tener que ser responsivos con los teléfonos móviles, por lo que hubo que modificar su arquitectura.

También hubo que hacer las versiones en pequeño de las portadas de los nuevos lanzamientos para garantizar que se verían perfectamente en cualquier dispositivo. La combinación de colores, la tipografía, el título y la legibilidad de la portada en su totalidad comenzaron a responder a necesidades de visibilidad en diversas pantallas.

El apogeo de la venta en línea, así como la utilización de algoritmos en las plataformas de venta —y en las propias redes sociales—, también fueron un hito. En las primeras, se buscó optimizar la visibilidad, encontrabilidad y venta de los productos, y en la segunda aumentar los ingresos publicitarios de dichas plataformas. Por lo que cambiar un ISBN (*international standard book number*) una vez que ya ha hecho historia en cualquier plataforma de comercio electrónico es un sacrilegio, pues todo el aprendizaje que logró el algoritmo desde el lanzamiento del producto se echa por la borda. Es decir, al ser un nuevo producto —por su código de identificación— el algoritmo inicia de cero. Tuvimos que estar dispuestos a perder muchas ventas por este tipo de decisiones.

La nueva generación de lectores, ni qué decirlo, está en constante evolución. Consumen millones de contenidos variopintos a través de diversas plataformas. El auge del video como formato predilecto para difundirlos es una realidad. Así, el surgimiento de nuevos líderes de opinión —llamados por las jóvenes generaciones *influencers*— ha traído consigo un cambio en las tácticas para llegar a ellos.

De tal modo que los propios autores se convierten en influencers de sus obras. Aparecen grupos de comunidades que, en diversas plataformas, generan contenido propio sobre libros: booktubers —comunidad de reseñistas de libros en YouTube—, booktokers —comunidad de reseñistas de libros en TikTok— y una gran variedad de creadores de contenido que promueven libros a través de podcasts, videolibros, blogs, clubes de lectura digitales que crecen día con día y se convierten en un nuevo desafío para los mercadólogos de la industria.

Aceleración de la era digital

Un año antes del inicio de la pandemia grupo Bertelsmann anunció que adquiriría el 100% de las acciones que aún tenía Pearson de Penguin Random House y con ello se convertía en dueño único de la editorial comercial más grande del mundo (aunque la transacción no se cerraría sino hacia el segundo semestre de 2020).

Con la pandemia llegó la explosión de las ventas en línea. Un hito más que se sumó a la aceleración de la era digital y que ha representado en los equipos de marketing de las editoriales uno de los retos más grandes de las últimas décadas, porque impulsar las ventas en línea responde a un nuevo paradigma: se trabaja con tácticas muy diferentes a las técnicas tradicionales para las cuales las habilidades de los equipos de marketing también cambian.

En la venta en línea se pelea por la visibilidad y encontrabilidad de los títulos; por lograr generar momentos que hagan que el algoritmo trabaje más rápido para que estos sean encontrados fácilmente por los consumidores; se trabaja con metadatos, *keywords*, *leads*, url, pixeles, apis y con un sinfín de tácticas y métricas que indican qué tanto se está "performando" —desempeño de las ventas versus la inversión realizada— con el fin de mejorar la rentabilidad o la optimización de las acciones.

El enfoque ha cambiado tanto porque estamos en la era de las comunidades, de las conversaciones digitales, de los *insights* y las tendencias. El lector se sube a la ecuación "autor + contenido = ventas" de una forma voraz. Y aquí viene la frase de que no nos preocupa el cambio sino la velocidad del mismo. Rápidamente hay que adaptar equipos de trabajo, incorporar nuevas habilidades, reinventar procesos; tener disponible en stock el 100% del catálogo porque, además, se acelera la venta de muchos títulos en pocas cantidades, l o que requiere también reinventar la cadena productiva y de suministro.

Es necesario desaprender y aprender lo más rápido posible. Constantemente se incorporan nuevos desafíos, términos, métricas. Por ejemplo, temas como la accesibilidad. Ahí está la Ley Europea de Accesibilidad, que exige que los libros electrónicos cumplan los requisitos necesarios para que personas con dificultades de acceso a los textos impresos convencionales puedan hacer el mismo uso de ellos que una persona sin esa discapacidad. Esto desafía no solo a editores, sino también a todos aquellos productores, *e-commerce* (venta en línea) y *marketplaces*; a los diferentes fabricantes de dispositivos digitales de lectura y computadoras; a los desarrolladores de software, etcétera.

Asimismo el desarrollo sustentable —que consiste en hacer un uso correcto de los recursos naturales actuales sin comprometer los de las generaciones futuras— busca un desarrollo social que contribuya a mejorar la calidad de vida, salud, educación y cultura de todas las personas. Dado que se producen libros con papel que se extrae de bosques, es necesario que comiencen las conversaciones alrededor de *sostenibilidad* y *sustentabilidad* (la diferencia entre ambas es que la primera toma en cuenta procesos cuyo objetivo es lograr un cambio profundo: medioambiental, social, económico, político y cultural; mientras que la segunda se centra en la defensa y uso racional de los recursos).

Y así, mientras hablo de transformación y de la incorporación de nuevos desafíos en la estrategia, comienza lo que parece ser la era de la inteligencia artificial, en la cual nada está dicho todavía y hay un mundo lleno de preocupaciones e incertidumbre al respecto. Con ello estaremos enfrentándonos a cambios y desafíos que aún ni siquiera conocemos: Chat GPT, Sudowrite y su Story Engine, entre otras plataformas y sitios web de creación de contenido.

En todo este escenario la legalidad es aún materia pendiente. Por ahora siguen existiendo huecos muy profundos en lo referente a la privacidad de los usuarios y el uso de sus datos. Nada está escrito, aunque deseo que poco a poco se vayan llenando las lagunas actuales que existen en todo el entorno digital.

Contarles todo esto para mí es un privilegio porque, durante las últimas dos décadas, la industria editorial en el mundo ha tenido la mayor de sus transformaciones. Ser testigo de ella y participar de sus desafíos ha sido la mejor experiencia de mi carrera profesional.

De tal modo que este libro lo he hecho con la intención de poder brindarles a colegas, profesionales del libro y profesionales del marketing una herramienta, a manera de guía, que les ayude a hacer más fácil este entorno tan desafiante: el encuentro de los lectores con su libro.

1

UN NEGOCIO QUE TIENE AL TIEMPO COMO SU PRINCIPAL COMPETIDOR

Habíamos lanzado al mercado el libro *Hannibal, el origen del mal*, de Thomas Harris. El tiraje había sido de 10 mil ejemplares, muy grande para el que comúnmente solíamos manejar. El libro no tendría acompañamiento promocional, pues las películas ya habían dejado la semilla entre los lectores.

El problema se presentó cuando comenzamos a recibir mensajes de los libreros y los lectores mencionando que faltaban dos páginas en la edición y que era imposible que sucediera este error en una de las partes más emocionantes de la historia.

Lo que solemos hacer ante estos casos es revisar qué pasó en el proceso. Algunas veces este tipo de errores se dan en el taller de impresión, si el técnico que forma el pliego se distrae o cuando, por ejemplo, la máquina salta alguno de estos pliegos y no se imprime.

Pensamos que muy pocos ejemplares tendrían este error, pero no fue así. El dictamen del equipo de producción —luego de revisar todas las posibles causas mecánicas y ver que no había ningún problema en la edición— fue que la falla se había originado desde el archivo original, donde esas dos páginas no se habían incluido.

Era el peor de los escenarios posibles. Eso implicaba que tendríamos que retirar la edición del mercado —con los múltiples costos que se asociaban a ello— y además reembolsar a todos los lectores que ya habían adquirido el libro.

Se me ocurrió entonces que, dada la temática del libro, podríamos desarrollar una pequeña campaña de promoción, pero había que actuar muy rápido. ¡La idea consistía en comunicar que Hannibal Lecter se había comido su propio libro, en específico estas dos páginas! Mandamos imprimir y colocamos en un sobre las dos páginas que "se había comido" Lecter. Repartimos la misma cantidad de sobres que libros, según la distribución que el equipo comercial nos había dado. Además abrimos una página web donde los lectores podían descargar las dos páginas.

La campaña fue un éxito. No solo no retiramos la edición del mercado, sino que esta estrategia nos permitió vender toda la edición. Por supuesto, cuando reimprimimos, pudimos corregir el error.

De qué va el trabajo en una editorial

A grandes rasgos, el sector editorial se divide en tres rubros: las publicaciones periódicas, como diarios y revistas; la publicación de libros técnicos y de texto (educativos y académicos); y la enorme y diversa área conformada por los libros de interés general (para todo público).

Es el área de interés general sobre la cual se enfoca este libro. Está conformada, principalmente, por una serie de acciones: el desarrollo del contenido (la creación de la obra); la edición y el diseño del producto; la producción material (formación, papel, impresión y encuadernación); y la comercialización (distribución y venta). Por lo que respecta a los impresos.

Este conjunto de acciones —necesarias para la realización del libro como producto— está englobado en la industria editorial. Es una industria porque responde a una demanda de bienes, transforma las materias primas y distribuye un producto acabado que, hoy día, puede ser impreso y digital (dentro de los formatos digitales se incluyen el libro electrónico —ebook— y el audiolibro).

La producción del libro digital y el audiolibro tiene, evidentemente, sus particularidades. En la elaboración del libro electrónico prácticamente se utiliza, adaptada, la misma formación tipográfica del impreso, pero luego debe hacerse la conversión de acuerdo con las especificaciones tecnológicas de los diversos dispositivos (Kindle, iPad, Kobo, entre otros).

Para la creación del audiolibro es necesario contar con un director y un narrador (que se elige después de un casting de voces), hacer grabaciones y *proofings* (que es el cotejo del manuscrito versus la grabación y donde también se revisa la intención que se requiere en el audiolibro). Después viene el proceso de posproducción, donde se realizan ediciones digitales, se musicaliza —en caso de requerirlo— y se masteriza para obtener las especificaciones necesarias que solicitan las tiendas donde se comercializará.

Los libros de interés general se clasifican según dos grandes grupos de lectores, básicamente: libros para adultos y libros infantiles o juveniles. Dentro de la categoría de adultos hay obras de ficción, tanto literaria como comercial, que corresponde a la narrativa, y en menor escala a la poesía y el teatro; y obras de no ficción, como ensayos, reportajes, investigaciones periodísticas, crónicas, informes, estudios, memorias y biografías, obras de referencia, libros universitarios, de divulgación y actividades y aficiones.

Mención aparte merecen el manga, la novela gráfica y los libros de no ficción dibujados con técnicas de cómic y caricatura, cuyos contenidos casi siempre son divulgativos.

El origen del proceso

Una editorial es un engranaje de piezas que se conforma por los editores que leen y debaten los manuscritos, y por los autores: el punto de partida u origen del proceso editorial, los creadores intelectuales de los contenidos. Luego vienen los departamentos de Edición Técnica o de Mesa, Diseño, Producción, Ventas, Marketing y Comunicación; el personal operativo, secretarial, el estratégico de logística, el de recursos humanos; el área legal y el equipo de soporte y mantenimiento técnico.

A esa gran maquinaria de trabajo humano se suma un ejército de colaboradores externos: lectores, correctores, traductores, diseñadores, ilustradores, distribuidores y servicios de apoyo.

En términos generales, para su publicación un manuscrito recorre una ruta específica y completa, gracias a los cuidados de editores y diseñadores. Por último se convierte en un ejemplar encuadernado, con tapa y contratapa, que se exhibe en puntos de venta elegidos especialmente y promovido a través de diversas técnicas y herramientas.

Esto lo lleva a la posterior posibilidad de aparecer en los listados de los libros más vendidos, pero sobre todo de ser recomendado por otros lectores. Siempre comento a mi equipo que una vez que hayamos conseguido que el libro se recomiende habremos conseguido el éxito en nuestro trabajo.

Así pues, todo este proceso inicia con la aceptación de un manuscrito que ha sido previamente leído y dictaminado por el editor. El concepto de *dictamen* resulta fundamental en el quehacer editorial para obtener un original publicable. De la lectura y el análisis de las posibilidades de mercado que tiene un contenido se deriva un informe sobre la pertinencia o no de la publicación de la obra.

Según mi editor, cuando recibe un informe que dictamina que la obra no es publicable no significa que no se publicará, en muchas ocasiones resulta ser una invaluable guía para realizar el trabajo de edición. Y así podrá continuar su proceso.

Si el original elegido —y luego editado, publicado y comercializado— resulta ser un fracaso como producto, esto seguramente se deberá a que la elección fue errónea o sencillamente a que el momento de su publicación no fue el mejor. Hemos tenido muchísimos casos de libros que al momento de ser lanzados venden muy poco y después de algún tiempo venden muchas copias.

Aunque en este negocio no hay verdades absolutas y todos los elementos que intervienen en el proceso de producción, comercialización, promoción y administración son importantes, un libro fallido, falto de interés o sin calidad en su contenido —o en su edición— puede estar muy bien comercializado y administrado, pero está condenado a ser un descalabro.

Ahora bien, si el dictamen ha sido positivo el manuscrito pasa a un comité en el que expertos de varias áreas de la editorial confirman la publicación de la obra. Una vez que el original es aprobado, el editor se lo comunicará al autor, le hará una oferta económica formal que cerrará a través de un contrato en donde el autor cede temporalmente los derechos de su obra a la editorial.

No en todas las editoriales se instaura un comité editorial para que otras áreas en conjunto con la de edición aprueben la obra a publicar; muchas veces es la decisión de una sola persona, o de dos, pudiendo ser el editor y el director editorial o el general.

Lo que recomiendo es que una obra sea vista desde diferentes perspectivas para que, a la hora de publicarla, pueda tener la complicidad de toda la cadena de valor.

La elección del contenido

Al elegir determinado título para su publicación, el editor debe saber con antelación cuáles son aquellos contenidos que puede lanzar al mercado editorial de interés general con probabilidades de tener un mercado, segmento o nicho interesado en adquirirlo. Este conocimiento previo se finca en lo que podemos definir como *política editorial*, es decir, las líneas temáticas en las que ha decidido apostar la empresa editora, pero siempre teniendo un referente esencial: el mercado.

En sentido estricto, la política editorial está dictada por las necesidades del mercado, así que las distintas líneas temáticas, las colecciones, los formatos y todo lo relacionado con la distribución de los libros dependen de los intereses del consumidor. El reto consiste en definir, con la mayor claridad posible, dichos propósitos. Y actuar en consecuencia.

Sabiendo qué debe publicarse, el editor atiende a diversas fuentes que proveen de originales (manuscritos) para ser evaluados. Así es como se cuenta con los *manuscritos no solicitados*, los cuales se ofrecen continuamente a todas las casas editoras por parte de particulares e instituciones.

Otra fuente de provisión —ciertamente más importante— es la compra de derechos internacionales de publicación. Dicha alternativa constituye un auténtico mercado, tan grande como lo sean los planes de inversión de una empresa editorial. La mayoría de las veces estas transacciones se realizan a través de intermediarios, los también llamados *agentes literarios*.

La dinámica del trabajo editorial también consiste en el desarrollo de productos basados en el análisis de tendencias del mercado y la detección de necesidades no satisfechas (los famosos nichos) de los lectores. Una vez detectada una de estas oportunidades se procede a concebir y diseñar un producto acorde a estas.

Por último, habría que mencionar los proyectos en torno a personalidades destacadas de diversos ámbitos (hoy en día especialmente en redes sociales); el editor se acerca a ellas con la proposición de hacer un libro del cual sea autor, ofreciendo para ello el apoyo de toda su infraestructura.

El editor y el marketing

El editor es el empresario de la industria editorial, pues tiene que dar beneficios económicos a la editorial, pero también funge como agente cultural, intelectual, observador de tendencias y sociólogo perspicaz. Es el primer lector que realiza la tarea de ponerse en la piel de los potenciales lectores.

En el momento inicial, su atención se enfoca en el contenido. Aunque las consideraciones no financieras suelen estar presentes, sus funciones buscan un sano equilibrio entre ser agentes económicos y culturales.

La línea divisoria entre estos dos roles es muy delgada. Las empresas editoriales no son instituciones culturales, son negocios en los que hay mucho dinero invertido e incluso suelen ser de alto riesgo debido a que la recuperación se da a muy largo plazo. En muchos casos incluso se pierde dinero.

Las cifras son muy elocuentes: de cada 10 libros que se colocan en las librerías, se venden seis en promedio.

Por lo general el área comercial y el área de marketing no tienen injerencia en la evaluación y valoración de un manuscrito. Esto para no producir ruido a los editores a la hora de hacer sus elecciones. Sin embargo, en ciertos casos, el editor consulta con el equipo de marketing, o con el equipo comercial, para realizar un sondeo particular.

Luego, cuando el editor presenta el manuscrito que eligió, se da una discusión entre las diferentes áreas para analizar la viabilidad del proyecto, así como sus condiciones económicas y financieras. Dentro de ese comité de aprobación debe encontrarse el mercadólogo, pues a partir de la explicación de los argumentos de venta que el editor ha deducido del contenido de la obra se puede iniciar el trabajo de marketing.

Este primer acercamiento del mercadólogo con la obra suele ser muy valioso para identificar el público al que se dirige el contenido elegido y entender cuáles podrían ser los mensajes para atraer a sus lectores, o cuál podría ser la propuesta de valor que el contenido ofrecerá a su público. Así, desde la mirada del marketing se evalúa el mercado que dicho libro puede tener.

Por supuesto que siempre prima la calidad del contenido, el modo en que está desarrollado; el que sea consistente y confiable. En este punto del proceso se trata de utilizar el marketing en la más auténtica de sus formas: promoviendo un producto de excelencia, sin engañar ni manipular a quienes va dirigido.

Una vez firmado el contrato con el autor comienza el trabajo de edición, previo al cual se ha hecho una proyección económica del original a publicar para determinar la rentabilidad del proyecto concreto y, al menos, no tomar riesgos a ciegas. Se cruzan los costos editoriales y de producción (papel, impresión y encuadernación) y el número de páginas con el fin de proyectar la cantidad de ejemplares que podrían conformar la primera edición y, en algunos casos, las posibles reimpresiones.

Esto arroja, automáticamente, un estimado de precio de venta al público (PVP), así como el índice de rentabilidad (que puede ir de entre 8 y 10%), información clave para sondear los alcances comerciales de un libro.

Cómo comercializar un contenido

Una vez que la obra se imprime o se convierte en su versión digital le llamamos libro, libro electrónico o audiolibro en el caso de que se grabe. Finalmente el libro y su contenido se convierten en un producto. Es en este punto del proceso cuando se hacen evidentes las particularidades del marketing editorial, porque en el momento en el que el lector consume el libro se genera una experiencia única e irrepetible.

Esto porque los libros, al igual que los servicios, ofrecen experiencias. Es decir, constituyen un producto ideal para el marketing de consumo y una utilidad para el marketing de servicios. Así pues, el libro brinda vivencias, ideas, conceptos, ideologías, aprendizajes y estilos de vida. La realidad que plasma el autor es reinterpretada a través de la perspectiva de cada lector: si este leyera la misma obra dentro de un par de años seguramente viviría una experiencia nueva.

De este modo, el libro está dentro de un proceso estandarizado, imperecedero, de alta competitividad, tangible y patentable. Cada libro es un producto único, no tiene sustitutos y su consumo es peculiar porque siempre puede volver a leerse. En ese sentido, también tiene características intangibles.

Una vez impresos, grabados o digitalizados, la siguiente etapa es la distribución: un eslabón esencial de la cadena porque siempre ha formado parte de la colocación de productos en el mercado y, por ende, de la eficacia de su comercialización.

Los canales de venta por antonomasia son las librerías, las cuales se dividen en independientes y en cadenas; también se ofrecen libros en tiendas departamentales y supermercados; ferias y exposiciones; voceadores y distribuidores; *e-commerce* puros, de las librerías o de las propias casas editoriales; plataformas de *marketplace* que reúnen distintos vendedores y ventas directas, las cuales se suscitan mediante intercambios institucionales.

Respecto al tipo de compra de los libros, esta puede ser planeada —en el caso de los libros de texto— o por impulso. Hoy en día esta segunda es la preponderante: entre 70 y 80% de la decisión de compra se toma en el punto de venta. De ahí la importancia que la exhibición del producto debe tener.

Las estrategias de gestión y exhibición de las mesas de novedades en las librerías también tienen una razón de ser. No en vano se dice: "Si no lo veo, no lo tomo; si no lo tomo, no lo compro". Por eso existen tácticas para ofrecer experiencias invaluables para el consumidor de libros y se hace énfasis en las dinámicas de servicio al cliente. En este esquema el vendedor es a veces el único enlace entre editores, libreros compradores de libros de las cadenas de distribución y los lectores.

El lector es primero

Desde la perspectiva del marketing editorial, el lector es primero. Y por eso, para ofrecerle el mejor contenido posible, lo más relevante es haber leído el contenido para entender a su posible audiencia. Preguntarnos quiénes leerán ese contenido, cómo es quien lo lee, por qué, qué hace que lo lean o cuáles son las principales motivaciones que llevan al lector a la lectura del libro. Solo así es posible desarrollar un mensaje efectivo para después seleccionar los medios de comunicación en donde será difundido e implementar un adecuado plan de promoción para luego evaluar su efectividad.

Por lo tanto, en años recientes la publicidad y el marketing —así como los derechos de autor— han cobrado mucha relevancia, al punto de convertirse en actividades básicas para las empresas editoriales. Lo son más ahora, en la era digital, donde no solo producen libros, sino que se transforman en una especie de curadores de contenido porque es justo la saturación de contenidos que se crean desde miles de fuentes diferentes lo que hace que la edición, y con ello su promoción y la legalidad de sus procesos, sean sumamente desafiantes.

66

Desde la perspectiva del marketing editorial, el lector es primero. Y por eso, para ofrecerle el mejor contenido posible, lo más relevante es haber leído el contenido para entender a su posible audiencia.

99

Es así como internet ha creado una gran cantidad de nuevas clases de editores —blogueros, tuiteros, instagrammers— que trabajan de la mano de algoritmos, soluciones y estrategias tecnológicas con el fin de conectar las obras con sus públicos en medio del infinito océano de la web. Un reto que podría resumirse, básicamente, así: si no estás en Google, no existes.

En la gran complejidad que representa promover contenidos hoy en día, el marketing no es, definitivamente, una persona o un departamento que hace prensa y relaciones públicas, sino la estrategia transversal que toca a todos los departamentos de la empresa enfocados en conseguir sus objetivos de negocio, alineados a una misión, visión, valores y propósitos corporativos.

Aunque es verdad que las editoriales son un negocio distinto a otros, de cualquier modo es un negocio que necesita ser rentable. El reto es lograrlo dentro de un mercado saturado de libros.[1]

> ❝ **El marketing no es, definitivamente,
> una persona o un departamento que hace
> prensa y relaciones públicas, sino
> la estrategia transversal que toca a todos
> los departamentos de la empresa enfocados
> en conseguir sus objetivos de negocio,
> alineados a una misión y a ciertos
> valores corporativos.** ❞

El panorama comercial de esta industria en México se hace más complejo si se tiene en cuenta la alta concentración de grandes grupos editoriales y la gran variedad de editores independientes, el hecho de que cada vez hay menos lugares para vender libros y publicaciones periódicas, la importante intervención de las instituciones del gobierno en la compra y edición de libros, los pros y contras de la ley del precio único, pero sobre todo el crecimiento de la piratería y reprografía en libros físicos, y la infinita piratería digital que día con día adquiere dimensiones exponenciales.[2]

A este maratón se suma el contexto de la pospandemia, donde el principal competidor del libro es, justamente, el tiempo. Cuando la pandemia iniciaba y no sabíamos qué esperar, las librerías y los almacenes estaban cerrados, la

---

[1] En 2023 la industria de interés general vendió en México 18.2 millones de libros, 5% más que el año anterior, según BookScan, un servicio de Nielsen (líder mundial en medición de audiencias), como parte de un mercado que mueve más de 295 mil millones de dólares.

[2] https://www.elmundo.es/cultura/literatura/2021/09/27/613b9228fdddffb9 528b45da.html.

industria editorial pensaba que viviría una de sus peores crisis, sin embargo, el resultado fueron dos grandes años en ventas de libros. La razón fue muy sencilla, y a la vez maravillosa: contamos con el tiempo de las personas.

Ese tiempo para estar en casa leyendo, sin distracciones, sin la posibilidad de, necesariamente, salir con amigos, ir al teatro, al cine o a un parque de diversiones. El tiempo en casa sin actividades sociales jugó en favor de la lectura, brindando como resultado dos años de crecimiento de ventas y una aceleración en la transformación digital. Por ende, en la venta de libros en línea.

Luego de que la pandemia se convirtiera en una endemia, la gente poco a poco volvió a sus rutinas. La posibilidad para salir de casa y dedicarse a otras actividades hizo que el consumo del libro en todos sus formatos bajara, pero el lado bueno de todo ello está en que conseguimos nuevos lectores en todos los mercados durante ese periodo.

Así, bajo este panorama, en un mundo cada vez más competitivo en el que existe una saturación de productos y donde una nueva era digital está desafiando a todas las industrias, resulta de vital importancia que replanteemos el rol que juega el marketing editorial: se trata de un conjunto de actividades transversales y vitales para el sector que debe estar en permanente y flexible adaptación.

> 66
> **En un mundo cada vez más competitivo en el que existe una saturación de productos y donde una nueva era digital está desafiando a todas las industrias, resulta de vital importancia que replanteemos el rol que juega el marketing editorial.**
> 99

2

QUE EL LIBRO SEA ENCONTRADO EN EL MOMENTO CORRECTO

Todos los editores del mundo coinciden en que la pandemia de covid-19 aceleró la transformación digital de la industria de manera global. Los países más desarrollados en materia digital vieron cómo sus mercados han consolidado las ventas en línea y los menos desarrollados se han enfrentado con la nueva era digital de forma abrupta y acelerada.

Por supuesto, los negocios mejor preparados para afrontar esta nueva realidad lo pasaron mejor que los que nunca habían tenido o querido iniciar dicha transformación.

La venta de ebooks y audiolibros se exponenció en todo el mundo y muchos editores locales para entonces no habían ni siquiera creado un catálogo de libros electrónicos. Ya ni hablar del formato audiolibro. Sin embargo, el auge de los formatos digitales era quizá el objeto que, por su naturaleza, tendería a obtener un mayor consumo. También las ventas para el canal online se dispararon.

Las editoriales, entonces, teníamos que afrontar el desafío de abastecer productos rápidamente en tiempos que nunca antes nos habíamos siquiera imaginado. Esto representó uno de los mayores retos para la cadena de suministro.

Los equipos de marketing debían iniciar la transformación, pues durante años habíamos venido trabajando con modelos tradicionales de mercadotecnia que sabíamos que funcionaban, sin tener claridad en las métricas o en los KPI (*key performance indicator*), pero que, por la experiencia, sabíamos que tenían impacto.

Un modelo de trabajo muy común para el mercado de consumo masivo a la hora de crear nuevos productos, pero muy nuevo para la industria editorial, busca descubrir un *insight*, "la clave" que, en términos psicológicos, nos ayuda a encontrar la solución a un problema.

Con el auge de las ventas en línea este nuevo modelo, nos brindó una estructura de trabajo que nos ayudó a "leer las conversaciones de los lectores" porque, a través de dichos *insights*, pudimos encontrar los temas que en verdad les interesaban.

Durante los años de pandemia encontramos un sinfín de *insights* de los lectores: la nostalgia, la espiritualidad, el extrañamiento de la vida pública, pero también cosas tan básicas como asistir al cine y comer palomitas, el duelo y la tanatología, la depresión y las ganas de salir de la crisis.

¿Cuáles son las fuentes principales de los *insights*? Todas las posibles. Desde conversaciones en *social media* o algún artículo en un periódico hasta una entrevista en la radio. El punto para trabajar sobre un *insight* descubierto consiste en validar si este aplica a un gran número de personas. Para ello se investigan los números de búsquedas de las palabras clave en los buscadores tradicionales de información, como Google, o en las búsquedas de sitios de venta en línea, como Amazon o Mercado Libre y, a partir de esa validación, se decide si ese *insight* será relevante para la audiencia.

En junio de 2020, a partir de los *insights*, descubrimos que las personas estaban deprimidas y requerían poder salir de esa oscuridad. Al respecto contábamos con muchísimos libros, pero necesitábamos encontrar el adecuado que ofreciera a los lectores una solución más precisa.

Dentro del catálogo encontramos a Brian Weiss, un médico y psiquiatra estadounidense célebre sobre todo por su conocimiento sobre la reencarnación, la regresión de vidas pasadas, la progresión en vidas futuras y la supervivencia del alma humana después de la muerte.

Su libro icónico ha sido por varios años *Muchas vidas, muchos maestros.* Sin embargo, para trabajar con el concepto de *depresión,* elegimos un título de su autoría llamado *Meditación: Cómo dejar atrás las tensiones y el estrés y alcanzar la paz interior.* Así que hablamos con el autor para que nos brindara una conferencia para todos los países de habla hispana de Penguin Random House e iniciamos una campaña de anuncios en los canales de *social media* y en Google, tanto para *search* como para *display,* con el objetivo no de publicitar el libro, sino la conferencia, para que, a través de la perspectiva de un especialista, la mayor cantidad de personas pudiera tener una mirada diferente para intentar salir de la depresión en la que estaba inmersa. El propósito entonces era lograr que más personas tuvieran acceso gratuito a una conferencia de talla internacional que fuera útil para su vida, y la consecuencia natural fue vender más libros, pero nunca al revés.

La estrategia publicitaria la acompañamos con materiales para el punto de venta y, a la fecha, el autor que hacía tiempo ya no encabezaba la lista de autores más vendidos de la editorial volvió a ella más fuerte que nunca.

Marketing de consumo: concepto y evolución

En un mundo editorial saturado y competitivo se hace cada vez más necesaria la creatividad y la apertura hacia nuevas formas de llegar a las audiencias. Esta es la razón por la cual los editores han de ampliar su campo de acción como agentes culturales, intelectuales y sociológicos para asumir el importantísimo rol de actores económicos y de negocio.

En este sentido, resulta clave que el editor conozca y maneje las técnicas, estrategias y actividades que le ofrece el marketing para que sea más eficiente y preciso a la hora de satisfacer las necesidades y expectativas de sus lectores. Desde la mirada del mercadólogo, es necesario que encuentre todas las maneras posibles de actualizarse para entender todas las formas óptimas de lograr que ese lector encuentre el libro que busca o que necesita. El vendedor también deberá asumir un nuevo rol: el de analizar todos los datos que le sea posible para poner a la disposición de ese lector el libro en el lugar correcto.

El almacenista, por su parte, deberá atender la demanda de pedidos con la mayor rapidez posible, pues el tiempo se vuelve el activo más relevante, una oportunidad de venta. Es decir, que el libro sea encontrado en el momento correcto.

Pero hablemos un poco de qué es el marketing. Es tanto una filosofía como una técnica; una combinación de ambas cosas. Como filosofía me refiero a una postura mental, una actitud y una forma de concebir la función comercial o relación de intercambio entre el consumidor y una empresa u organización que ofrece sus productos o servicios al mercado.

Visto como técnica, el marketing se enfoca en los modos específicos de cómo se va a ejecutar una estrategia hasta llegar a esa relación de intercambio. Entre sus actividades están el identificar, crear, desarrollar y servir a la demanda.

El marketing, pues, ha de identificar necesidades y, posteriormente, dar una respuesta efectiva a las mismas.

Dicho de manera más integral, como bien lo define la American Marketing Association:[1] el marketing constituye

---

[1] https://www.ama.org/the-definition-of-marketing-what-is-marketing/.

el conjunto de actividades, instituciones y procesos para crear, comunicar, distribuir e intercambiar ideas, bienes o servicios que tienen un valor para consumidores, clientes, accionistas y la sociedad en general.

Dentro de la industria editorial tenemos la obligación de identificar necesidades y de desarrollar contenidos que las satisfagan. Por ejemplo, en el año pandémico nos dimos cuenta de que las personas querían encontrar contenidos que les ayudaran a sobrellevar de mejor forma el confinamiento y, posteriormente, el duelo. Las personas de todo el mundo tuvimos que enfrentarnos a una nueva realidad y a pasar mucho tiempo dentro de casa; así nos ajustamos, nos adaptamos y con ello modificamos muchos hábitos de comportamiento y de consumo.

Este ha sido uno de los retos más desafiantes para los expertos del marketing, sin embargo, al contar con información específica sobre una necesidad particular, el editor pudo desarrollar un contenido concreto con ese propósito o, si contó con un catálogo amplio, pudo recurrir a un título ya existente para ofrecerlo a los lectores una vez que ya hubo identificado su necesidad.

Aunque no todo se trate de ganarles a otros, el marketing surge claramente de la necesidad de competir con mayor eficiencia, pero también de inventar tácticas para conservar a los clientes y edificar su lealtad hacia tu marca para alcanzar la rentabilidad de tu negocio. Es decir, no solo se trata de vender más y mejor, sino de ser rentables en la operación.

Fue hacia el final de la Revolución Industrial cuando el campo comenzó a dar paso a las grandes ciudades y los talleres artesanales se convirtieron en fábricas. Toda esta transformación, impulsada por la aparición de la electricidad y el transporte en ferrocarril, hizo que mejorara el nivel de vida de la gente y, al mismo tiempo, sus necesidades crecieran a pasos agigantados.

Lo cierto es que las empresas del siglo XIX carecían de marketing como lo conocemos. Los esfuerzos comerciales estaban puramente orientados hacia el bien en sí mismo; en otras palabras, la producción tenía como meta crear el producto con la mejor calidad y al mejor precio, más allá de cualquier otra consideración.

Philip Kotler, uno de los grandes estudiosos del marketing, expuso que, básicamente, el marketing estratégico es una actividad humana cuya finalidad consiste en entender, diseñar, comunicar y entregar valor, y esta definición no ha cambiado a pesar del tiempo.[2] Pero hoy en día, según señala Kotler, "una marca es la promesa de una empresa de ofrecer un beneficio específico que atienda una necesidad particular de sus clientes. Además, la promesa de muchas marcas va más allá de la funcionalidad y refleja ciertos aspectos de la identidad de los clientes".

Las *necesidades* articulan, estructuralmente, la noción de marketing. Es el concepto que abarca las carencias primarias y secundarias de un individuo. En segundo lugar estarían los *deseos*, los cuales se refieren al moldeamiento que adquieren dichas necesidades de acuerdo con el entorno y las percepciones de cada persona.

Acto seguido se encuentra el *producto*: todo aquello que cubre esa necesidad —ya sea como producto físico o como servicio—. Luego viene el *mercado*, que se puede definir como aquel universo donde se encuentran y conviven los compradores —tanto reales como potenciales—, así como sus necesidades y deseos.

Eso es justamente el *marketing de consumo*: el fenómeno cuya razón de ser es la producción en serie de bienes materiales.

---

[2] https://insight.kellogg.northwestern.edu/article/how-has-marketing-changed-over-the-past-half-century.

La era de la hiperdemanda

Inició alrededor de 1920, cuando todo lo que se producía se vendía. Los consumidores adquirían los productos porque los necesitaban. El foco de las empresas estaba puesto en producir más y de la forma más ágil posible.

Con el estallido del crack económico de 1929, y tras la Segunda Guerra Mundial, los bolsillos de los consumidores alrededor del planeta fueron impactados negativamente. Las empresas tuvieron que concentrarse en aumentar las ventas de sus productos, para lo cual las fuerzas de venta (equipos de vendedores) tuvieron que incrementarse proporcionalmente a sus objetivos comerciales.

Aquella etapa del mercado fue una en la que, sin lugar a dudas, el poder estaba en manos de los productores, pero luego cambiaron las prioridades y, para finales de la década de 1950, el marketing empezó a ser considerado más como una labor distributiva cuya principal preocupación —por encima de su calidad y diseño— era que los productos llegaran a manos de un cierto, o mayor, número de consumidores.

Con la aparición de la televisión, el marketing encontró una inimaginable oportunidad de difusión a gran escala. Se hizo posible alcanzar a grandes masas de consumidores potenciales a costos muy accesibles. Este fue un hito que muchos establecen como el gran punto de partida de la construcción del marketing moderno.[3]

La era de la hiperoferta

Durante la era de la hiperoferta, en la década de 1970, la tecnología ya era más accesible y la producción masiva empezó

---

[3] https://advertisingdestiny.com/brief-history-of-television-advertising/.

a superar a la demanda existente. Aunque las compañías manufacturaran productos de forma eficiente, los consumidores no necesariamente se iban a sentir atraídos y los iban a comprar: ya había una oferta mucho más grande y el consumidor ya no compraba simplemente el producto: ahora quería conocer más ofertas para elegir.

El *branding*

Para finales de la década de 1990 conceptos como *especialización de productos, percepción del consumidor, personalización de las marcas* y *customer relationship management* (CRM, gestión de la relación con los clientes) se volvieron elementos esenciales en el éxito del marketing y, por ende, de los negocios modernos. No es casual que Amazon se fundara en 1995 y Google en 1998.

A la par las teorías acerca del *branding* (manejo de marca) cobraron inusitada fuerza. Y es que uno de los activos que conforma el conjunto de intangibles del marketing es la marca: revela su gran valor en la planeación estratégica de aquellas empresas que se centraron en triunfar en un mundo altamente competitivo, donde la única certeza real era el cambio constante.

En este punto de la historia, Al Ries, estratega del marketing y autor de los libros *22 Immutable Laws of Branding, The Origin of Brands, War in the Boardroom* y *Positioning: The Battle for Your Mind*, definió al *branding* como ese conjunto de estrategias que le confieren poder a un nombre comercial para transformarlo de la simple identificación de un producto o servicio a una marca de clase mundial con personalidad social propia y participación activa en nuestra vida.

La era del consumidor

Años después, con el auge de la computación, se fue reduciendo la ventaja competitiva, pues empezó a ser cada vez más viable imitar y multiplicar rápidamente los productos. Esto minó la idea de producción masiva y, asimismo, comenzó a desvanecer el concepto mercadológico de la *diferenciación*, es decir, se producía en masa y la diferenciación consistía en hacerle ver al consumidor que el producto elegido ofrecía lo mismo que otro, pero contaba con algún beneficio en particular que era exclusivo de ese producto.

Poco a poco la atención empresarial se enfocó en satisfacer las necesidades de los clientes y a partir de dicho enfoque inició el complejo proceso de *planificación estratégica* para producir lo que el cliente estaba dispuesto a comprar.

A todo esto se le podría llamar "la monarquía del cliente", la cual siguió dominando el mercado hasta 2010, año en que da inicio "la era del consumidor". Por supuesto, un consumidor empoderado y especializado.

Las necesidades de los lectores

Antes de abordar de lleno la teoría del marketing moderno, es posible hacer una observación relacionada con el marketing editorial. Cuando se piensa en clientes dentro de la cadena del libro, se debe considerar tanto a los distribuidores —es decir, librerías, cadenas, grandes almacenes— como al consumidor final: el lector.

Resulta conveniente hacer esta distinción pues el desarrollo de un producto editorial responde a las exigencias de un mercado para, en última instancia, atender las necesidades de los lectores.

Fue así como el marketing terminó por enfocarse en detectar las necesidades de ese consumidor empoderado y especializado para así entregarle el mejor valor posible. A partir del enorme y creciente abanico de alternativas de productos y servicios en todos los sectores —sumado a la conectividad de la era digital y sus múltiples alternativas—, el marketing se aborda actualmente como una especie de filosofía organizacional que debe ser transversal a todo modelo de negocio.

Tal es así que una de las tendencias del marketing moderno se guía por la *mercadotecnia relacional*, la cual se refiere a ese conjunto de acciones y tácticas dedicadas a mejorar la comunicación entre el negocio y los clientes potenciales con el propósito de conducir a estos últimos a lo largo de la compra.

Este enfoque vanguardista, centrado en el consumidor, contrasta con el *marketing transaccional*, que se enfoca más en el producto y en la acción misma de la compra. El marketing en la era digital tiene la enorme ventaja, respecto al marketing convencional, de que se puede observar y hacer análisis de resultados y tendencias en tiempo real.

Hoy las empresas se han transformado en organizaciones mercadológicas que combinan el saber de la economía, la política, las relaciones públicas, la tecnología y la psicología para apoyar al conocimiento del marketing y establecer las estrategias y particularidades de negocio de cada compañía.

Más adelante —cuando abordemos a fondo el marketing en la era digital— trataremos a detalle las tácticas y estrategias más utilizadas para llegar a los consumidores.

Amazon: el gran punto de quiebre

Quienes hacemos y vendemos libros no podemos olvidar que la compañía que cambió el marketing en el mundo —y *de facto* creó el *e-commerce*— fue Amazon, empresa que nació hace 25 años como una librería en línea, montada en un garaje, con una oferta de un millón de libros.

Hoy es un monstruo de las ventas y de la generación de otros muchos modelos de negocio que evidencia la posibilidad —impensable hace unas décadas— de poder comprar cualquier cosa y tenerla en las manos en horas.

Hay que enfatizar que este proyecto inició con la venta de libros. La elección de este tipo de producto no fue casualidad o una decisión altruista: los libros le brindarían a Jeff Bezos, fundador de Amazon, la escalabilidad con la que siempre soñó. Al contar en aquellos años con un universo de más de 3.5 millones de diferentes títulos en el mercado anglosajón, su compañía podría obtener información de una gran cantidad de público diverso en género, edad, estilo de vida, entre otros. Allí se originó la base del éxito de Amazon como gran plataforma global de *e-commerce* —a la vez que de *marketplace*— que hoy cuenta con un catálogo de ventas prácticamente infinito.

La diferencia entre un sistema de *e-commerce* y uno de *marketplace* radica en que el primero vende en línea productos o servicios que le pertenecen a una empresa, están en su custodia o se exhiben desde su propia plataforma o canal (aunque también existe la producción de marcas propias del *e-commerce* que se venden bajo este modelo). *Marketplace*, a su vez, está relacionado con una plataforma de venta que ofrece una enorme selección de productos cuyos dueños son distintos vendedores y que el sitio no necesariamente tiene en inventario. Alquila espacio en su plataforma a otros vendedores bajo una serie de condiciones favorables para la empresa dueña del *marketplace*.

Ese es Amazon: un *e-commerce*, pero también un *marketplace*; una forma de economía brillante donde se encuentra prácticamente todo y sus productos cada día se van diversificando y especializando.

Amazon es lo que es gracias a un concepto y modelo de negocio visionario que Bezos bocetó un día en una servilleta de papel, mismo que incluyo a continuación, aunque basta con googlear "The Amazon Strategy on a Napkin" para encontrarla en la web. Su ADN se concentra en la anécdota conocida como "el círculo virtuoso de Bezos", que se origina con una maravillosa experiencia del consumidor que genera el boca a oreja (*word of mouth*, WOM), es decir, la recomendación espontánea entre consumidores.

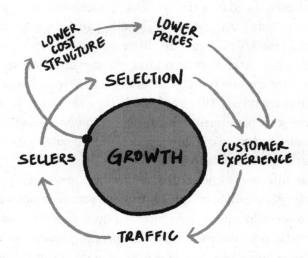

Una vez que has logrado crear una excelente experiencia para el consumidor —con la cual atraes un gran volumen de tráfico—, los clientes satisfechos arrastran más consumidores. El gran tráfico que obtiene la plataforma interesa a más vendedores para que formen parte del *marketplace* (fabricantes directos y otros revendedores) y esto conlleva a obtener productos de toda índole, lo cual se traduce en múltiples alternativas de productos para los consumidores: mientras más opciones de compra tenga un consumidor en la misma plataforma, habrá mayores posibilidades de satisfacer sus necesidades.

Cuando se atrae a una mayor cantidad de vendedores, la estructura de costos se reduce al aprovechar la infraestructura de compras, abastecimiento y logística; en consecuencia también disminuye el costo por unidad de producto y es posible bajar los precios.

La fórmula de precios bajos —sumada a una inigualable selección de productos— mejora y mantiene la experiencia del consumidor y hace que el ciclo reinicie una y otra vez.

Ese permanente movimiento del modelo provoca que el ciclo esté girando y girando, y que siempre vuelva a empezar.

Es por eso que el enfoque en la experiencia del consumidor es vital para Amazon, que siempre actúa en concordancia con esta visión. Todo lo que ofrece la página web o la aplicación se orienta a que el consumidor tenga la mejor experiencia posible para que así adquiera lo que desee a un buen precio y, mejor aún, si el producto no llena sus expectativas —por el simple hecho de no haberle gustado— pueda devolverlo sin contratiempo alguno.

De la misma forma este ciclo virtuoso va acostumbrando a los consumidores a ciertos niveles de servicio y estándares de calidad. Por lo que, mediante una estrategia integral, se mantiene una búsqueda constante por mejorar la experiencia de compra en términos de la logística y tiempos de entrega, administración de software, sistemas de planificación de recursos empresariales (ERP, por sus siglas en inglés), entre otras.

Amazon logró entender la globalidad y usarla a su favor al grado de impactar radicalmente al mundo general del *retail* (comercio minorista). Día a día conoce y entrega más valor a cada persona en medio de un mercado saturado de marcas, productos y consumidores. Su enorme claridad acerca de los tipos de consumidores, los cuales buscan en sus productos y marcas especificidades y posturas —como tamaños, materiales reciclados, veganos, sin crueldad animal, en procesos libres de explotación infantil o esclavitud laboral— constituye la carta mejor jugada de este gran imperio; la tercera empresa con mayores ingresos a nivel mundial.[4]

El triunvirato autor-contenido-lector es inseparable

Como consecuencia de la aparición de estas tendencias del mercado en la era digital el consumidor dejó de ser un ente pasivo que gira alrededor de las ofertas del mercado y, en consecuencia, ahora compra para convertirse en un ser activo, con voz propia, poderoso, que opina e incluso contribuye a la reputación de las marcas y que crea comunidades en torno a ellas.

Por eso los negocios deben enfocarse en que ese consumidor tenga la mejor de las experiencias y, para ello, es necesario saber sobre él más allá de sus datos demográficos.

Y aunque en su día la radio y la televisión fueron un hito —así como el acceso a internet y la aparición de las redes sociales—, no detonaron el boom que hoy conocemos, sino que fue la invención de los teléfonos inteligentes lo que permitió tener en la palma de la mano el acceso a todo lo que ni siquiera se nos ocurre que pueda existir.

Si nuestra vida cambió con el acceso a internet y con la aparición de las redes sociales, se puede decir lo mismo del proceso de compra y, lógicamente, del marketing. La conexión global de hoy nos permite buscar los mejores precios cuando ya sabemos lo que queremos; acceder a informaciones sobre determinado producto o servicio cuando todavía estamos estudiando la posibilidad de compra; e incluso descubrir más sobre un problema que tenemos cuando todavía no sabemos cuál solución podrá ayudarnos.

---

[4] https://www.statista.com/statistics/263265/top-companies-in-the-world-by-revenue/.

Pero regresemos un momento a mediados de la década de 1990. Para ese entonces la industria editorial en México ni siquiera pensaba en realizar acciones de marketing. La mayoría de los editores sencillamente contrataba sus contenidos con base en su experiencia e instinto. Esta es una práctica que continúa hasta nuestros días y dudo que termine, pues siempre habrá mucho de intuición a la hora de contratar un libro; la intuición ha sido parte de los pilares fundacionales de la edición.

Hasta principios de los 2000 la promoción y difusión de libros se basaba en el *publicity* —término que se refiere al intercambio de información gratuito a través de los medios de comunicación— y en la presencia de autores para firmas en ferias del libro o en la organización de presentaciones del libro; actos que fungían como "el lanzamiento del libro".

Estos tres ejes fundamentales de promoción se basaban en la única acción inamovible en esta ecuación: las relaciones públicas.

En aquella época no se pensaba en tener información directa sobre el consumidor; en todo caso eran las librerías y los canales de venta de libros los que, de acuerdo con la generosidad que profesaran, nos podrían dar la poca información que solían recabar de los consumidores de libros.

Las ventas que se recababan después de algunos meses de haber lanzado algún libro al mercado fueron otro de los grandes indicadores que guiaba los intereses del consumidor.

Con la evolución tecnológica, el exceso de información y el acceso a millones de lectores en todo el mundo —que además buscan todos los canales posibles para generar conversaciones con las marcas— resulta mucho más fácil para la industria editorial tomar decisiones.

El marketing de consumo, o de servicios, y el marketing editorial tienen muchos patrones comunes. El *marketing editorial* son todas aquellas actividades de mercadotecnia cuya finalidad consiste en satisfacer las necesidades de autores y lectores por medio de los procesos de intercambio, donde el contenido que los vincula es una experiencia personaliza- da, individual e irrepetible.

Esta relación autor-lector —cuyo vínculo es el producto libro— es muy difícil que se dé en el marketing de consu- mo. No compras un automóvil, o un champú, por quien lo diseñó. Rara vez adquieres un producto de consumo masivo guiado por quién inventó la fórmula, pero el caso del marke- ting editorial es radicalmente distinto: millones de personas pueden comprar un libro debido a quien lo creó.

Es aquí cuando formulo las preguntas iniciales que ha- brían de hacerse antes de estructurar cualquier proceso de marketing editorial en la era digital: ¿a partir de qué elemen- to se va a trabajar el posicionamiento de un libro? ¿Por el autor? ¿Por su título? ¿Por el género? ¿Por el sello editorial?

El sello editorial es el nombre de la editorial que publi- có el título. Para algunos ejecutivos de la industria este es el elemento principal con el que los mercadólogos deberían trabajar porque es el que se refiere a la marca.

Para mí no hay nada más alejado de la realidad. Las posibi- lidades son muchas y nadie tiene la verdad absoluta. Veamos.

Cuando de marketing editorial se trata, se puede elegir que la marca sea el autor. En ese caso puede hablarse de un "autor marca"; es decir, aquel escritor que se ha posicionado en el mercado a lo largo del tiempo y al que solo basta nom- brar para saber que ya es una garantía en sí mismo.

Es posible trabajar la estrategia de marketing desde el tí- tulo del libro y buscar elementos que sumen al discurso para posicionarlo como marca. Otra vía es basarse en el género o en la clasificación de la categoría del libro; quizá debido a una coyuntura o a una época determinada.

Cada uno de estos aspectos puede presentarse como mar- ca y se habrá de recurrir a alguna técnica del marketing para crear dicho posicionamiento. Se habrá de buscar cuál es el factor que hace que una obra sea importante o descubrir cuál es la característica diferenciadora. Por ejemplo, cuando el autor es poco reconocido habrá que construirlo y eso cuesta más esfuerzo y más recursos económicos, pero no hay nada más reconfortante que construir a un autor, y para hacerlo se habrá de elegir con mucha perspicacia el título de la obra o el género.

> **Cuando de marketing editorial se trata, se puede elegir que la marca sea el autor. En ese caso puede hablarse de un "autor marca"; es decir, aquel escritor que se ha posicionado en el mercado a lo largo del tiempo y al que solo basta nombrar para saber que ya es una garantía en sí mismo.**

Por el contrario, si un autor ya goza del prestigio y reconocimiento entre los lectores, no hay que dudar en elegirlo como el punto de partida de la estrategia. Si lo que está en tendencia es el género de la obra, lo acertado es que se tome ese camino. Sea cual sea el rumbo que se escoja, siempre hay que considerar que el triunvirato autor-contenido-lector es inseparable.

Autores marca

Todos los autores que ahora llamamos *autores marca* o autores consagrados comenzaron con una primera obra con la que quizá no fueron los protagonistas de la estrategia de marketing. Sin embargo, hoy no hace falta más que nombrar un nuevo título de Stephen King para garantizar que cierto número de ejemplares se venderán por el mero prestigio del autor.

Lo mismo sucede con autores que ya no están entre nosotros, pero que a lo largo de su prolija trayectoria dejaron un gran legado a través de su obra: Julio Verne, Fiódor Dostoyevski, Charles Dickens, J. R. R. Tolkien, por mencionar algunos.

Pero no siempre ocurre así.

Vale la pena mencionar el caso del libro *Bajo la misma estrella*, del ahora afamado escritor John Green. Teníamos en las manos una historia de amor sumamente conmovedora, fresca, divertida, pero a la vez trágica, cuyo autor era muy poco conocido. Por lo tanto hubiera sido un gran error trabajar el posicionamiento con base en John Green, o incluso en el título del libro.

El libro relata una historia de amor muy potente, así que elegimos trabajar a partir del género del libro. La campaña recurrió a las siguientes frases: "Todo el mundo debería tener un amor verdadero y debería durar como mínimo toda la vida" y "Algunos infinitos son más grandes que otros infinitos".

El libro se lanzó con una tirada muy baja, sin embargo, venía precedido por el importante boca a oreja que había iniciado en Estados Unidos.

Así, la demanda del título fue creciendo y comenzó el trajín de las reimpresiones, que doblaron la tirada inicial; una métrica que indica que un fenómeno de ventas se está construyendo. No utilizamos al autor como marca, es decir, no usamos la frase "El libro escrito por John Green", en cambio, conforme el boca a oreja del libro se fue esparciendo por más y más lectores, fuimos acompañando la conversación de sus lectores y cambiando los eslóganes del libro en función de lo que descubríamos que se iba conversando: "OKAY", así de simple, fue una palabra clave de un momento icónico del libro y quizá la más exitosa de toda la campaña. Poco a poco la portada y su título comenzaron a tener un reconocimiento enorme hasta que se convirtió en bestseller, mucho antes de su adaptación cinematográfica.

Después de eso se estrenó la película, pero el fenómeno del libro ya estaba construido, por lo que para la distribuidora de la película en México fue mucho más fácil crear la estrategia de lanzamiento, puesto que la audiencia ya estaba creada, y esto lo resalto muchísimo porque generalmente es al revés; es decir, es la película o la serie la que por su alcance masivo crea la audiencia que luego busca el libro. Así pasó por ejemplo con *Gambito de dama* o con *La luz que no puedes ver*, ambas series estrenadas por Netflix, que luego incrementaron la demanda de los libros en las que se basaron.

Por lo tanto fue una decisión correcta la de acompañar al libro en su proceso de recomendación e ir adaptando el mensaje de la estrategia de acuerdo con lo que se conversaba en las redes sociales y en internet.

Otro libro: *Emma y las otras señoras del narco*, de Anabel Hernández, contaba con dos aspectos preponderantes: un título potentísimo y una pluma de reconocimiento internacional. Cuando ambas propuestas de valor suman —autor y título— se presenta una disyuntiva: trabajar con el nombre del autor o con el título. En este caso particular había que trabajar con el título, pues la multipremiada autora es internacionalmente reconocida por su rigor periodístico y, por lo tanto, está muy bien posicionada. El diseño de portada era pontentísimo, lo que revelaba de un solo golpe la fuerza del libro. Así que anunciarlo era prioritario porque uno de los objetivos estratégicos era también llegar a un nuevo público, ampliando el que ya tenía. La idea entonces fue entregar valor al lector dando las pistas de lo que la autora revelaría a través de su investigación.

El eslogan que acompañó a la campaña fue "Víctimas y victimarias. ¿Quiénes son? ¿Cómo se llaman?". Con este *copy* queríamos generar expectativa respecto a Emma Coronel y a las esposas o amantes de importantes narcotraficantes mexicanos, algunas de ellas muy conocidas en el país por ser (o haber sido) actrices, cantantes y conductoras en los principales programas de televisión. El libro de Anabel rápidamente se puso en la opinión pública y como consecuencia fue el libro más vendido durante meses en todos los formatos. El audiolibro se mantiene, a la fecha, entre los más vendidos.

Un ejemplo más: para el lanzamiento de *Cincuenta sombras de Grey* —la famosa novela erótica de E. L. James— también elegimos el género, pues era la primera obra de la autora. Aunque en Estados Unidos rápidamente se convirtió en un bestseller, el mundo hispanoparlante la ignoraba.

La discusión interna rondó alrededor de si era un libro de amor o una historia de *soft porn*. Terminamos enfocándonos en el género apoyados en una frase en un sticker de portada que decía "El libro del que todo el mundo está hablando". Por los antecedentes mundiales, sabíamos que teníamos un éxito asegurado, la idea era saber comunicar la esencia del libro: la historia en la que el amor lo redime todo salió triunfante. Sabíamos que tener una gran cantidad de libros en los anaqueles de las librerías sería clave en el lanzamiento, y apoyarlo con acciones de experiencias en los puntos de venta sería de mayor impacto. Así que llevamos a Christian Grey a las librerías regalando flores y primeros capítulos del libro, hicimos un gran evento de lanzamiento en un hotel de lujo, gracias al apoyo de una buena cantidad de patrocinadores del evento que incluso nos apoyaron con un kit de juguetes que el protagonista utilizaba para darle placer a Anastasia. El evento fue un éxito y rápidamente los medios de comunicación sacaron notas al respecto y la gran cantidad de mujeres que fueron invitadas al evento comenzó a hablar del libro.

Tras su lanzamiento se convirtió en un gran éxito mucho antes del estreno de la película. Aquí sabemos todos que las películas tenían una expectativa enorme luego del fenómeno en el que se convirtió la saga, y quizá justo por la vara tan alta las adaptaciones cinematográficas no cumplieron las expectativas, sin embargo, en este caso la película no incrementaría la demanda del libro porque, como en el caso anterior, la audiencia ya había sido creada. El libro vendió más de 100 millones de copias a nivel mundial.[5]

Por su parte, *La dieta del metabolismo acelerado*, de Haylie Pomroy, fue un caso donde la autora era poco conocida y el género (salud, libros para bajar de peso) estaba demasiado saturado, así que la fuerza más grande se encontraba justo en el título. La propuesta de valor era que, con este método, las personas podían bajar hasta 10 kilos de peso en cuatro semanas modificando su metabolismo a través del cambio en los hábitos alimenticios. Este título llegó a vender durante más de un año miles y miles de copias. La clave para lograr que este libro se convirtiera en un longseller fue que se creó una comunidad de personas que con el método abordado en el libro lograron bajar de peso. El poder de los testimoniales aquí no se hizo esperar, pues se trataba de un libro que tenía el propósito no de hacer una dieta sino de cambiar un estilo de vida. Dada la cantidad de copias que estábamos vendiendo en digital, que igualaba las ventas en papel (eso no suele suceder, rara vez se venden más copias en formatos digitales que en papel), decidimos crear una *landing page* solo para este libro con el objetivo de que fuera fácilmente localizado en los buscadores y donde incluía la serie de calificaciones y testimonios de las personas que habían utilizado ya el método. La audiencia que evolucionó a comunidad fue clave en este libro.

Es recomendable utilizar al sello editorial como herramienta de posicionamiento cuando este tenga un gran renombre entre su audiencia. Por ejemplo: Alianza Editorial,

---

[5] https://www.statista.com/statistics/299137/fifty-shades-of-grey-number-of-copies-sold/.

Anagrama, Siruela, editoriales que a lo largo de su historia se han dedicado a generar prestigio a través de sus publicaciones y que han logrado que sus lectores acudan a comprar sus libros tan solo porque el sello editorial está plasmado en ellos: un sinónimo de calidad. Como ejemplo de estos casos podemos comentar el Premio Alfaguara. Este sello fue fundado en 1964 y la primera edición del premio se celebró un año después de su fundación con la misión de difundir la literatura en español. En sus 24 ediciones[6] ha destacado la valoración del jurado a la alta calidad literaria, por lo que colocar en la portada el Premio Alfaguara ya le indica al lector que leerá una gran obra literaria que en muchos casos ha trascendido la lengua hispana, pues han sido traducidas a múltiples lenguas y valoradas con diferentes reconocimientos en todo el mundo.

Rompiendo paradigmas del marketing editorial

Está claro que frente a un mercado cambiante, saturado y complejo el marketing editorial no ha tenido otra opción más que especializarse.

Aunque se encuentra entre las dinámicas y generalidades del marketing de consumo y tiene ciertas similitudes con el marketing de servicios, el marketing editorial también se sitúa en un terreno muy particular porque el producto que se comercializa se ofrece en forma de libro, que vincula a un autor con un lector. Siendo el libro en este esquema, además de un producto, un instrumento estupendo para la difusión de la cultura y la educación; un vehículo único de entretenimiento que entrega a cada lector una experiencia diferente y excepcional.

---

[6] https://premioalfaguara.com.

Esto no quiere decir que las editoriales no sean un negocio. Lo son primeramente, es decir, su objetivo es vender y ser rentables al hacerlo. Aunque las editoriales también sean agentes culturales, eso no significa que se regalen contenidos, o que se deban sacrificar ganancias en pro de la cultura, o que no se deba pagar a los autores como creadores, o que necesariamente todos los libros tengan que ser baratos o, peor aún, gratuitos para que más personas accedan a ellos.

No, los libros deben tener un precio justo porque detrás de ese producto existe toda una cadena de valor que subsiste gracias a ellos.

En términos de competencia directa existe una concentración de grandes grupos editoriales y una enorme variedad de editores independientes, muchos de los cuales han publicado un solo libro. En paralelo, hay mayor concentración en los canales de distribución, lo que necesariamente implica que cada vez haya menos lugares especializados en vender libros y publicaciones periódicas.

Así las cosas, muchos siguen creyendo que hablar de marketing dentro de una editorial se reduce al quehacer de un departamento de prensa, cuya tarea principal es generar buenas relaciones con los autores y así evitar problemas con ellos; o en realizar la tarea del *publicity*, que como ya mencioné es el intercambio gratuito del contenido de los libros por notas periodísticas.

Tareas tan simples como difundir y hacer publicidad son apenas las puntas del iceberg del verdadero concepto de marketing aplicado a los libros. El marketing editorial es, principalmente, una estrategia de negocio que atraviesa de forma transversal toda la cadena de suministro y no simplemente un área más de la compañía.

Por lo tanto es recomendable que toda la planeación y las operaciones estén alineadas hacia esta estrategia, siempre orientada al triunvirato autor-contenido-lector, y que todas las actividades del engranaje se encaminen a satisfacerla, para lograr así la rentabilidad que se ha fijado como objetivo de negocio.

Tal y como sucede con el marketing en la era digital, el marketing editorial también debe situar en primer plano su estrategia enfocada al consumidor sin olvidar lo que tradicionalmente realiza con el autor y los canales de distribución. Esto, de cierta manera, lo complejiza; la innovación, sin embargo, se suscita al tratar de adaptarse a la era actual del marketing basada en el lector (consumidor) y su creación de comunidades.

Le llamo *innovación* porque —y hasta hace muy poco tiempo— todos los esfuerzos de marketing editorial estaban enfocados en el autor, el contenido y los canales de distribución, pero la era digital nos ha colocado en una posición de la que no podemos huir; el lema básico, "primero el lector", inicia con la misión de detectar las necesidades de los compradores de libros, luego conjunta todo el mecanismo de la casa editorial en la ejecución de una amplia gama de actividades, en las que no solamente participa el equipo de marketing y el vendedor, sino el editor, los responsables de empacar, surtir y transportar los pedidos de libros, el financiero, el personal de recursos humanos y hasta el director general.

Un negocio de alto riesgo

Para que una editorial sea rentable es prioritario que se desarrolle una adecuada política de precios (recordemos que el negocio editorial es considerado como uno de alto riesgo financiero debido a que tarda muchos meses en regresar el capital invertido).

El retorno de inversión —también conocido como ROI, *return on investment*, por sus siglas en inglés— será mucho más eficiente en tanto que las cuatro "pes" del marketing

—que te mostraré a lo largo de los siguientes capítulos— estén alineadas en una sola estrategia que sea congruente, consistente y que logre permear en todos los niveles de la organización.

> **Para que una editorial sea rentable es prioritario que se desarrolle una adecuada política de precios.**

Además de la alineación de dichas "pes" es necesario poner mucha atención en tres de los riesgos financieros más grandes que padecemos como industria: los altos descuentos que pedirán los canales de distribución para vender tus libros —en línea o físicamente—, la devolución de tus productos y, por último, las tiradas iniciales.

Dentro de los descuentos que piden los distribuidores de libros añadiría también otra práctica perjudicial: los incentivos. Yo los destaco como descuentos encubiertos porque piden aportaciones adicionales a los descuentos por una cantidad de conceptos inverosímiles. La premisa es que "si no ganan dinero vendiendo, lo ganarán ahorrando" o aprovechándose de los proveedores haciendo que estos paguen algunos de los costos asociados a su operación, tales como almacenaje, pedidos centralizados, catálogos, envíos de boletines publicitarios, entre otros.

Así que es importante distinguir qué gastos le corresponden a la editorial y cuáles al canal de venta. Lo importante, al final, es que logren un acuerdo justo para ambas partes.

El cáncer de la industria es la devolución. A diferencia de otras, la industria editorial suele aceptar de vuelta los libros que no se han vendido en un periodo determinado y en muy pocas ocasiones se limita la cantidad de ejemplares que las librerías y otros canales de venta pueden devolver. El índice de devoluciones, por lo tanto, será una métrica fundamental a cuidar y analizar.

Esto nos lleva al tercer factor de riesgo: las tiradas iniciales. Estas se refieren al número de ejemplares que, en principio, se pondrán en circulación. Es ahí donde se invertirá la mayor parte de los recursos económicos. Si se calcula una tirada muy alta y no se vende, habrá alta devolución. Probablemente se pensará que dichos ejemplares se volverán a colocar en el mercado en tantas vueltas sea necesario, pero en ello pueden irse de las manos otros gastos, como los costos de distribución y de almacenaje.

Otro fenómeno que golpea muy fuerte al sector editorial es la piratería y la reprografía física y digital, consolidada y en constante aumento. Quienes forman parte de este delito trabajan de forma excepcionalmente rápida y son demasiado originales en sus estrategias comerciales. Venden con catálogos, listas de más vendidos, fajillas publicitarias, o incluyen elementos promocionales como separadores.

En cuanto a la piratería digital se utiliza el formato Word o PDF, difundido a través de chats de WhatsApp y grupos de Facebook que ofrecen títulos nuevos a precios irrisorios o compendios de más de mil títulos en archivos de Google Drive. Si se trata de audiolibros, es posible encontrar en YouTube una cantidad muy grande de versiones. Se trata de un negocio ilegal enorme y muy complejo de combatir.

Con los riesgos de negocio internos (descuentos de los canales, devoluciones y tiradas) más los externos como la piratería y reprografía, o en algunos países la crisis para abastecerse de papel, podríamos pensar que el negocio editorial es un mal negocio lleno de dificultades, pero en mi experiencia dando clases y cursos sobre la industria editorial podría decir que me he encontrado con perspectivas completamente diferentes sobre los desafíos a los que debemos enfrentarnos.

Como en todo, suele haber posturas pesimistas u optimistas sobre el deber ser.

En ese sentido podríamos diseccionar todo lo malo que tiene esta industria, pero vivimos coyunturas de cambios radicales y son muchos los sectores que enfrentan desafíos avasallantes. Mi consejo radica, más bien, en ver cada amenaza como una oportunidad para forjar nuevos caminos al final de los cuales puedan encontrarse autores y lectores.

> " Nada es más gratificante como el despertar cada día pensando que estás contribuyendo con tu trabajo a generar un impacto positivo en la humanidad. "

Y dedicarse a atraer y mantener la mayor cantidad posible de talentos profesionales para competir en un mercado cuyos desafíos, en esta nueva era, a veces son impredecibles. Puedo asegurar después de tantos años de trabajo que el negocio editorial es uno que en verdad vale la pena desde todas las perspectivas y que también es un privilegio trabajar en esta industria. Nada es más gratificante como el despertar cada día pensando que estás contribuyendo con tu trabajo a generar un impacto positivo en la humanidad.

3

UNA FILOSOFÍA
EMPRESARIAL

TENER MUY CLARO EL TRAYECTO A SEGUIR

Cuando acepté la oferta de la editorial Grijalbo-Mondadori para hacerme cargo de la gerencia de Promoción y Publicidad, uno de los retos más importantes que me encargaron fue el lanzamiento de un libro del escritor brasileño Paulo Coelho, *El demonio y la señorita Prym*.

El libro tenía, en aquel entonces, uno de los presupuestos más grandes de inversión publicitaria que yo hubiera manejado antes, sin mencionar que su agente literario tenía fama en la editorial de ser uno de los más exigentes en la edición y por lo tanto en los planes de lanzamiento.

Me anunciaron que el aclamado escritor visitaría el país en 2002, por lo que habría que presentar un plan claro y contundente para el lanzamiento del libro, así como una propuesta sumamente detallada para su visita. Recuerdo que pensé: "Todo podría pasar durante esos dos años... incluyendo mi despido, por supuesto". Me había parecido en aquel entonces que anticipar la visita de un autor con dos años de antelación podría ser muy arriesgado, pero también era muy indicativo del grado de exigencia de su agente, cosa que me pareció maravilloso porque, así como podían despedirme —llevaba apenas un mes en la editorial—, también había un gran abanico de posibilidades de promoción que podían sostenerse desde ese entonces hasta la visita del autor; recordemos que no había redes sociales para entonces.

Cada una de las acciones descritas en el plan de promoción, así como los mensajes publicitarios, debían pasar por previa autorización de la agente de Coelho. En aquel entonces no había leído nada del autor, lo conocía por su nombre y me parecía sumamente exitoso, pero nada más.

La base de cualquier plan promocional en aquellos años era la prensa; todas las acciones que pudiéramos hacer para lograr repercusión se hacían en los diarios de mayor circulación del país.

No se trataba únicamente de lograr el espacio a través de la entrevista que el autor le diera al medio, sino que también era indispensable que el espacio fuera grande y que la posición donde se publicaría la entrevista fuera la ideal para llegar a un gran número de lectores.

Esa estrategia de lanzamiento solía acompañarse de material para colocar en el punto de venta. El desafío era lograr grandes pilas de libros en las librerías que fueran acompañadas de un exhibidor.

Como las redes sociales no estaban en el imaginario de absolutamente nadie, el reto era lograr que la mayor cantidad de personas se enterara de la visita del autor.

A pesar de que era el autor con el mayor presupuesto en publicidad que hubiera visto, por más dinero que pudiéramos asignar al objetivo no nos alcanzaría para pautar anuncios en la televisión o en la radio para anunciar su visita.

Decidí que la mejor forma en la que podía hacer saber a los lectores de Paulo Coelho que vendría a México era a través de sus propios libros. ¡Sí, había que hacer un encarte con las fechas de visita al país!

El primer paso fue convencer a los editores para intervenir todas las reimpresiones de la biblioteca del autor con dicho encarte, que además iba cambiando conforme pasaba el tiempo y teníamos más información sobre la agenda de su visita.

El libro y las reimpresiones de la biblioteca con sus respectivos encartes se lanzaron sin ningún contratiempo dada la anticipación con la que trabajamos. Por los correos que recibíamos de los lectores solicitando más información de los actos públicos del autor, pudimos prever que la visita sería exitosa. En su presentación en la Feria Internacional del Libro de Guadalajara contamos con la presencia de lectores de todo el país, que con mucha antelación habían organizado su viaje. La visita del autor a México fue un éxito: miles de lectores acudieron a sus actos y firmas de libros.

> **Acompañar a un autor durante tanto tiempo es una herramienta invaluable, no solo porque logras adentrarte a la obra del escritor, hasta conocerla profundamente, sino porque a lo largo del tiempo se construye una relación con sus lectores, a quienes también conoces con la misma profundidad.**

A partir de entonces he sido testigo y creado estrategias para 12 de sus libros y he coordinado al menos dos relanzamientos de portadas en diferentes formatos. Acompañar a un autor durante tanto tiempo es una herramienta invaluable, no solo porque logras adentrarte a la obra del escritor, hasta conocerla profundamente, sino porque a lo largo del tiempo se construye una relación con sus lectores, a quienes también conoces con la misma profundidad.

Paulo Coelho es una marca que va más allá de sellos editoriales y para construirla se necesita dejar de lado los beneficios económicos que un escritor puede aportar para poner en primer lugar los valores que ofrece dicha marca. Entonces el resultado económico será una consecuencia de haber logrado entregar valor a los lectores. El escritor ya lo ha hecho a través de su obra: la tarea del mercadólogo será hacerlo saber.

El principal reto para cualquier mercadólogo de la industria del libro consiste en romper la barrera del encuentro del libro con su lector para que inicie la recomendación boca a oreja. No quiero minimizar de ninguna manera las métricas de éxito de una estrategia, pero sin duda la más importante de todas es justo lograr la reimpresión de un título, no porque nos hemos quedado cortos con el tiro, vale la pena aclarar, sino la reimpresión que se hace a lo largo del tiempo porque un libro ha logrado la recomendación de sus lectores. A eso le llamo éxito. En el mundo digital la métrica del éxito se logra a través de la visibilidad que tiene el título luego de que la ha ganado a través del algoritmo producto de las búsquedas que el libro genera de manera orgánica. Una vez que logre romper esa barrera (en físico reimpresiones y en digital la visibilidad) habrá conseguido el éxito de su estrategia. Es decir, cada una de las tácticas elegidas para el plan de promoción buscará que sean los propios lectores quienes, una vez leído el libro, comiencen a recomendarlo.

Idear y llevar a cabo un plan de promoción pudiera parecer una cosa sencilla, pero, como en una orquesta, es de gran importancia saber elegir quién, con qué instrumento y cómo se tocará una pieza. Lo mismo pasa en el marketing. Es necesario elegir muy bien con qué elementos iniciará la estrategia para dar salida a la táctica; la estrategia se resumirá en un conjunto de acciones bien planeadas y ejecutadas a lo largo de un tiempo estipulado de campaña.

Tener claro el trayecto a seguir

El marketing editorial (el cual consiste en una serie de acciones a las cuales se dará seguimiento preciso, definidas desde la perspectiva de una estrategia empresarial concreta) se origina en la filosofía corporativa de tener bien claro el trayecto a seguir.

Si esto define la dirección estratégica de la compañía, el marketing no puede ser una persona que haga promoción o un simple departamento, sino una filosofía empresarial.

> **El marketing editorial se origina en la filosofía corporativa de tener bien claro el trayecto a seguir.**

Vamos a justificar el porqué de la filosofía empresarial. Al preguntarnos qué es una organización, qué es lo que hace y la razón del por qué lo hace, formularemos la base de la estrategia de la compañía y la dirección que debe tomar. A las respuestas a estas preguntas es lo que llamamos *dirección estratégica*, es decir, a partir de estas respuestas se generarán las decisiones y acciones fundamentales que darán forma a una organización y guiarán su desarrollo.

Algunos de los elementos que dentro de ese contexto componen la filosofía corporativa son los siguientes (y que explico en seguida):

VISIÓN

MISIÓN

PROPÓSITO

VALORES

OBJETIVOS

ESTRATEGIAS

POLÍTICAS

PROGRAMAS

SISTEMA DE CONTROL
Y EVALUACIÓN

La raíz: visión y misión

A grandes rasgos, la visión describe hacia dónde vamos y cómo nos proyectamos al futuro; qué queremos lograr y cuáles son los sueños que deseamos alcanzar. Retrata una situación que sea alcanzable en un lapso determinado. Por ejemplo:

"Debe existir una mejor forma y más rápida
de hacer estas copias."

XEROX

"Convertirse en la suscripción esencial para
todas las personas de habla inglesa que buscan
comprender y relacionarse con el mundo."

THE NEW YORK TIMES

"Enriquecer vidas y volverlas más satisfactorias a
través del conocimiento y del entretenimiento."
BORDERS (que en su época fue quizá la cadena de
librerías más importante en Estados Unidos)

"Llegar a ser líder del sector editorial y audiovisual
manteniendo firme el compromiso para con la
cultura y la sociedad."

GRUPO EDITORIAL PLANETA

"Ser el referente del conocimiento
y entretenimiento para enriquecer la cultura
de las personas, propiciando la transformación de
la comunidad a la que servimos."

LIBRERÍAS GANDHI

La *misión*, por su parte, es aquello que la organización desea lograr en un lapso específico, e incluye el ámbito donde desarrollamos nuestra actividad. Responde a las preguntas: ¿qué somos? ¿Qué hacemos? ¿Para quién lo hacemos?

La misión debe exponer el cometido fundamental de la organización y resulta una base útil a la hora de determinar prioridades, estrategias, planes, asignación de recursos y de identificar oportunidades y amenazas.

Peter Drucker —consultor y profesor de negocios austriaco y autor de varios libros— afirmaba sabiamente que: "Una empresa no se define por su nombre, sus estatutos o su acta constitutiva. Se define por su misión".

Otros ejemplos de misiones contundentes son:

"Adquirir, descubrir, preservar, sintetizar
y transmitir conocimiento."

UNIVERSIDAD DE CAROLINA DEL NORTE

"Construir un lugar en donde la gente encuentre y
descubra todo lo que pudiera querer comprar
en línea."

AMAZON

"Buscamos la verdad y ayudamos a la gente
a entender el mundo."

THE NEW YORK TIMES

"Ser un referente obligado del conocimiento
y del entretenimiento."

BORDERS

"Contribuimos a la difusión de la cultura
y el entretenimiento creando experiencias
para el encuentro con el conocimiento."

LIBRERÍAS GANDHI

"Contribuir a la divulgación, fomento, desarrollo,
investigación y protección de la cultura hispana."

GRUPO EDITORIAL PLANETA

"Despertar la pasión por la lectura a través de la
publicación de libros que atiendan la diversidad de
los gustos y la necesidad de una sociedad plural."

PENGUIN RANDOM HOUSE GRUPO EDITORIAL

Visión y misión han sido fundamentales en la dirección estratégica de una compañía, pero, durante los últimos años, y dado los enormes desafíos que las empresas en el mundo han tenido que enfrentar, es necesario que se agregue la declaración del propósito, un concepto que cada vez va ganando más fuerza.

El *propósito* es la razón permanente de existir de una organización y responde a por qué hacemos lo que hacemos. Cuando una empresa editorial —o de cualquier índole— tiene un propósito de existir es mucho más fácil tomar decisiones.

Estos son algunos ejemplos ilustrativos y rotundos de propósitos corporativos:

"Organizar la información del mundo y hacerla
accesible a todos."

GOOGLE

"Nutrir familias para que puedan florecer
y prosperar."

KELLOGG'S

"Crear el futuro de los libros y la lectura."
PENGUIN RANDOM HOUSE GRUPO EDITORIAL

La visión y la misión podrán cambiar o adaptarse con el tiempo, mientras que el propósito no. Es atemporal y termina convirtiéndose en la columna vertebral de cualquier organización. Es decir, en aquello que la mantiene en pie.

Según The Boston Consulting Group,[1] el propósito corporativo mejora el rendimiento de los ingresos y las utilidades, a la vez que desbloquea el crecimiento y las ganancias. Atrae, retiene y energiza a los empleados, e inspira a los clientes para lograr impacto social.

MISIÓN
(QUÉ HACES)

PROPÓSITO
(POR QUÉ
EXISTES)

VISIÓN
(HACIA
DÓNDE VAS)

---

[1] https://www.bcg.com/capabilities/business-organizational-purpose/overview.

En otras palabras, es la intersección entre lo que somos y la necesidad que pretendemos cubrir en la sociedad.

Hay que darse el tiempo para enunciar la visión, misión y propósito del negocio editorial y, en el caso de que ya estén formulados, pensar si es un buen momento para revisarlos y replantearlos de ser necesario.

Toda la estrategia del negocio editorial, la razón de ser, el porqué, el para qué, se basará en estos enunciados. Una vez que se ha realizado esta tarea habrá de comunicarse a toda la organización: todos y cada uno de los miembros de la editorial deben conocer estos principios para luego entender todas las decisiones que con el tiempo se irán tomando.

Los objetivos de la compañía

Una vez situada la estrategia de la empresa editorial (visión, misión y propósito) habrá de darse el siguiente paso: definir los planes estratégicos, y en este punto podrán preguntarse cómo plantearlos; se hace a partir de definir los objetivos que definirán el rumbo que debe tomar la empresa a corto, mediano y largo plazo.

Los objetivos estratégicos (a los cuales también se les llama *objetivos de marketing*) pueden ser, por ejemplo: incrementar la cuota de participación en el mercado o posicionar la editorial o el sello, o cambiar la imagen o posicionamiento de la marca.

En el momento en que se establezcan los objetivos estratégicos recomiendo que se tome el tiempo que sea necesario para formularlos. Un objetivo es el *qué* nos proponemos conseguir; la estrategia es el *cómo* haremos para lograrlo.

Cuando he preguntado a mis alumnos sobre si saben plantear objetivos, un porcentaje muy bajo de ellos lo hace bien.

De ahí que decida ocupar un espacio de este libro para brindar una serie de consejos que ayudarán al lector a mejorar su planteamiento.

Así pues, el *objetivo* es el resultado que queremos obtener, no debe ser permanente, sino la meta final de algo que se quiere alcanzar; es la tarea específica que se realizará durante un periodo concreto, considerando un contexto determinado y en función de un producto particular.

> 66
> **Un objetivo es el *qué* nos proponemos conseguir; la estrategia es el *cómo* haremos para lograrlo.**
> 99

En cuanto a la estrategia, esta atiende a los cómo, es decir, a las acciones que deberán llevarse a cabo para que sea posible que las tácticas funcionen. Justo por esta razón objetivos y estrategias tienen que estar bien alineados.

Para plantear los objetivos, comúnmente se utiliza un método práctico, la conocida técnica del acrónimo SMART:

- Specific (específicos)
- Measurable (medibles)
- Achievable (alcanzables)
- Relevant (relevantes; también se interpreta como realistas)
- Time Based (estableciendo plazos)

Siguiendo este procedimiento —considerado infalible— habrá de tomarse en cuenta que los objetivos sean dinámicos y motivantes, y definir los medios que van a requerirse para alcanzarlos.

Recomiendo que no se impongan. Para ser parte del logro o fracaso de un objetivo es necesario sentir que se es parte del mismo y que se contribuye para alcanzarlo. Así se estimula y crea responsabilidad entre los implicados. Todo el equipo debe estar de acuerdo.

También recomiendo no establecer más de dos o tres objetivos y definir un método de registro periódico sobre el avance de su cumplimiento. La cantidad de objetivos es muy importante porque define el foco en donde hay que mirar; si estableces muchos objetivos habrá distracción para enfocarse en lo que realmente importa.

Como regla general, los objetivos siempre han de escribirse en infinitivo y habrán de remitir a un tiempo determinado. Por ejemplo, en el aula, cuando suelo preguntar sobre objetivos personales o profesionales, los alumnos suelen responder: "Concluir una maestría", "Independizarme y poner un negocio", "Crear una app" o "Disminuir las quejas de los clientes". Estos resultan ser objetivos muy vagos porque, al no definir una fecha de término, se vuelven tareas que no tienen un final, son permanentes y, por lo tanto, la gran mayoría no se cumplirá.

Si, por el contrario, el enunciado dijera: "Terminar una maestría en administración de empresas obteniendo un promedio mínimo de 9 antes de que termine el siguiente lustro" se vuelve un objetivo acotado en el tiempo y especifica el desempeño que se deberá obtener. Este objetivo probablemente sí se cumpla.

A continuación presento algunos ejemplos de objetivos válidos para el caso de la industria editorial:

- "Incrementar en un 4% la participación de mercado de la editorial, con la adquisición de nuevos contenidos juveniles al cierre del año corriente."
- "Aumentar en un 10% la rotación de las mesas de exhibición destinadas a novedades durante la temporada escolar de (x) año."

- "Disminuir en un 20% las reclamaciones de clientes en el área de incidencias de devoluciones, antes del 31 de diciembre de tal año."
- "Incrementar en un 15% la producción de la ficción comercial de autores locales en los próximos tres años."

Este tipo de enunciados hacen posible no solo que se inicie apropiadamente el procedimiento hacia un objetivo planteado, sino que permite monitorear —o medir— el grado de avance —e incluso flexibilizar— de todas las variables de acuerdo con los cambios impredecibles del contexto. También permite, de ser necesario, sustituir los objetivos.

Nadie tenía previsto, por ejemplo, que en marzo de 2020 iniciaría la crisis sanitaria global más importante de los últimos tiempos. La mayoría de las compañías del mundo tuvo que replantearse sus objetivos y, con ello, sus estrategias para, en muchos casos, poder sobrevivir.

Esto demostró que es fundamental tener claridad sobre el contexto en el que se plantean los objetivos para cumplirlos, replantearlos o modificarlos por completo.

Las cuatro pes, o cómo ejecutar los objetivos para alcanzarlos

Para construir un plan operativo alineado a la estrategia central de la empresa —y para que funcione— es posible valerse de las cuatro pes del marketing:

PRODUCTO
PRECIO
PLAZA
PROMOCIÓN

Estas habrán de alinearse y combinarse pues, de alguna forma u otra, todas las acciones de marketing acaban girando alrededor de estas clásicas pes.

Decían Jim Collins y Jerry Porras en su libro *Built to Last* que "crear una compañía visionaria requiere 1% de visión y 99% de alineamientos", y es justo a través de las cuatro pes que podremos desarrollar un plan en el que toda la compañía se alinee para cumplir los objetivos estratégicos.

Así pues, la primera que abordaremos es la de *producto*.

El producto abarca todo aquello que la compañía produce y coloca en un mercado para su adquisición y que, de alguna forma, puede llegar a satisfacer una necesidad —o un deseo— del consumidor. De modo que es clave que se defina lo mejor posible.

En el caso del producto editorial —al que denominamos *libro-contenido* (y se llama libro por su evidente soporte físico o digital para consumirlo, pero lo que se consume es un contenido)— habrá de preguntarse: ¿qué vendo? ¿Qué necesidades satisface? ¿Qué características tiene? ¿Cuáles son los beneficios que se obtienen de cada una de ellas? ¿Qué valor agregado proporciona? ¿Qué necesidad o problema le resuelve al consumidor?

Las respuestas a estas preguntas definirán la propuesta de valor, que luego deberá ser trasladada al consumidor en un enunciado publicitario que lo lleve a adquirirlo.

Las características básicas que posee todo producto son: tangibilidad, separabilidad, estandarización, temporalidad o perennidad, competitividad y patentabilidad.

El libro-contenido cumple con dichas condiciones. Es tangible: el consumidor puede analizarlo, pues posee un empaque, un color, una textura. Literalmente, puede interactuar con el producto, conocerlo, aprehenderlo y, por ende, tener una clara experiencia de consumo.

En el caso de que se trate de un libro electrónico —o de un audiolibro— sucede lo mismo, pues en el dispositivo elegido podrá vivirse la experiencia del contenido. La separabilidad, por su parte, se refleja en que la producción y el consumo del producto son procesos independientes que ocurren en espacios y tiempos distintos, y que se pueden descomponer en fases claras y específicas. El libro en su formato de papel se produce en los talleres de impresión; en su formato electrónico en un despacho de conversión y, si es un audiolibro, en un estudio de grabación. El consumo de cualquiera de ellos se realizará siempre en un tiempo y lugar distintos.

Que un producto sea igual a otro —porque su producción es en serie, teniendo así mayor control en su calidad— habla de estandarización. Si bien escribir un libro es un acto individual, su producción es un proceso colectivo en el que se involucran editores, correctores, diseñadores, tipógrafos, encuadernadores, entre otros.

> **Cada libro es un producto único, sin sustitutos, que cuenta con la particularidad de recuperar una vida útil cada vez que se vuelve a leer.**

El tiempo vital de un producto es tan largo como el consumidor lo decida —así como el recorrido de su ciclo de vida: introducción, crecimiento, madurez y declinación / muerte—. El indicador más adecuado para saber en qué fase de este proceso se encuentra un libro-contenido serían las ventas. En términos físicos, un libro es imperecedero por sus cualidades y el contenido puede ser atemporal o tener más o menos vigencia, como sucede con cientos de obras de la literatura universal. *Don Quijote de la Mancha*, considerado sin duda el clásico de nuestra lengua por antonomasia, estará siempre vigente; una novela que tiene más de 500 años de haber sido publicada. Cada libro es un producto único, sin sustitutos, que cuenta con la particularidad de recuperar una vida útil cada vez que se vuelve a leer.

Los ingredientes, fórmula, empaque y forma de un producto, entre otras cosas, hacen que esté sujeto a ser patentado. Una obra intelectual no se patenta, pero sí se protege ante los respectivos órganos reguladores de la propiedad intelectual en cada país porque el dueño de ese contenido es un autor que cede los derechos a la editorial para la publicación de su obra.

La siguiente pe es de *precio*.

Este se define, en sentido estricto, como la cantidad de dinero que un consumidor debe pagar para tener acceso al producto o servicio. Por eso la fijación del precio adecuado es uno de los retos más complicados de las cuatro pes.

Es innegable que el precio es lo primero en lo que nos fijamos la inmensa mayoría de los consumidores. Para que se pueda definir un precio óptimo para un título específico es necesario entender cuáles son los costos inherentes a la producción de ese contenido. Por ejemplo, los costos del papel e impresión siempre serán los más altos, pero también resultan considerables los de edición, formación tipográfica, corrección y diseño de portada.

Así, recomiendo que no solo se identifiquen las variables de costo para la producción de un libro, sino que se lleven a cabo estudios sobre cuánto están dispuestos a pagar los consumidores por él, así como estudiar comparativamente los precios establecidos por la competencia para productos similares.

Además hay que calcular muy bien los beneficios netos que se van a obtener con cada precio, averiguar si existen precios estándar definidos o decididamente asumidos por los consumidores para títulos similares e, incluso, analizar si al bajar el precio aún se lograría conseguir ventaja competitiva en el mercado.

Por ejemplo, los consumidores en América Latina están dispuestos a pagar más dinero por un libro de negocios, pero menos por uno de novela romántica.

Desde el punto de vista del editor, la fijación de precios y su estrategia serán fundamentales para obtener los ingresos suficientes para cumplir sus objetivos de rentabilidad.

La tercera pe, la *plaza*,[2] se refiere a la forma en que se distribuye un libro. Es decir, al proceso mediante el cual el producto llega hasta el consumidor final. Esta incluye, por supuesto, los puntos o lugares de venta.

Este elemento tiene una gran importancia porque va a influir notablemente tanto en el margen de ganancia como en la satisfacción última del cliente.

Entre más largo sea el camino entre el fabricante y el consumidor menores serán los márgenes de utilidad por los costos que genera transportar el producto.

La *promoción*, última variable de las cuatro pes del marketing, abarca todos aquellos medios, canales de difusión y técnicas que se utilizan para dar a conocer el producto.

Con la eclosión del universo online se han multiplicado las posibilidades de realizar una promoción efectiva que empate perfectamente con nuestro producto editorial porque buena parte de estas alternativas resulta asequible a cualquier presupuesto y, en términos conceptuales, funcionan muy bien para promover libros.

---

[2] El concepto de *distribución* forma parte de la plaza y abarca múltiples variables que será preciso analizar de forma detallada: el almacenamiento, el transporte, los tiempos de operación y logística, los costos de los envíos, los canales de distribución, tiendas minoristas o mayoristas y venta directa, tiendas en línea, etcétera.

La clave está en encontrar las mejores opciones para cada caso y así conseguir los objetivos tanto de la estrategia corporativa como de los planes operacionales.

Hoy en día tanto a los medios tradicionales (*outbound*) como a las diversas modalidades publicitarias —anuncios en radio, televisión y prensa— debemos sumarles las estrategias del marketing de atracción (*inbound marketing*) a través de las cuales, para alcanzar a los clientes, se utilizan formas internas más amables, personalizadas y menos intrusivas, basadas en contenidos elaborados y bien argumentados.

En cualquier caso es preciso que se valoren todas las posibilidades y se seleccione la mejor vía que, por lo general, consiste en una combinación de diversas variables encaminadas a llegar de la manera más eficiente, eficaz y duradera a tu *buyer persona*, público objetivo o *target*, como quieras llamarle.

Evolución de las pes

La formulación de las cuatro pes data de la década de 1960[3] y, en efecto, tiene un enfoque centrado en el producto —o servicio—, por lo que las tres pes restantes y sus dinámicas giran alrededor de él.

Sin embargo, esta clásica y muy utilizada mezcla de marketing se ha ido transformando en función de un nuevo eje: el consumidor, que con un planteamiento innovador se sitúa como el principal elemento de la estrategia de marketing de una marca.

Hacia la década de 1990 Robert Lauterborn replantea en sus libros las cuatro pes y las convierte en las cuatro ces: del producto se pasa al *consumidor*, del precio al *costo*, de la

---

[3] https://careerfoundry.com/en/blog/digital-marketing/the-marketing-mix/.

plaza a la *comodidad* o *conveniencia* y de la promoción a la *comunicación*.[4] En este esquema, el cliente equivale al producto y, por ende, nuestra tarea es descubrir cada día qué quieren y cómo quieren su producto los consumidores. Para así ofrecer —y construir— opciones a la medida.

Dentro de este modelo el cambio de precio en vez de costo se basa en que tiene mayor importancia el costo-beneficio —o el costo de satisfacción del cliente— que una mera cifra de dinero. Se trasciende así el simple concepto de compra a cambio de cualquier forma de valor monetario. La transformación del mercado evidencia que los consumidores están dispuestos a pagar más por algo si perciben que tiene algún valor añadido.

Este nuevo enfoque contempla las diversas posibilidades de desembolso existente —que cada vez son más— y facilitan el proceso a los consumidores. Hablo de los precios de lista, descuentos, periodos de pago, términos de crédito, márgenes; o con tarjeta de crédito, por transferencia, a través de pasarelas de pago como PayPal, Mercado Pago, Apple Pay, entre muchas otras opciones.

Y la plaza, que venía siendo un lugar estático —tanto como una librería— se transformó en comodidad o conveniencia para el consumidor; la idea detrás es conocerlo lo suficiente como para facilitarle el proceso de compra y así evitar que pierda tiempo y dinero en traslados.

Tal cual: lo más importante es aquello que signifique mayor provecho para el cliente.

Es en este punto donde encaja a la perfección el comercio electrónico, el cual entremezcla cantidad de factores —sucursales, cobertura, surtido, locación, inventario, transporte, recepción, minorista, mayorista— para entregar a tiempo al destinatario.

---

[4] *Integrated Marketing Communications* y *The New Marketing Paradigm.*

Por otro lado, en el paso de promoción a comunicación destaca que, en la era digital, la segunda representa un verdadero valor y la construcción de diálogos resulta mucho más eficiente que las herramientas unilaterales de divulgación, como la publicidad.

De ahí que el marketing se esté pasando de la promoción convencional a la comunicación, principalmente digital. Hoy la marca y el consumidor se comunican entre sí: conversan e intercambian posturas; ya no se trata meramente de anunciar algo y simplemente venderlo.

En otras épocas el producto se difundía —y, por tanto, se vendía— en función de sus atributos. Por ejemplo, el jabón para la ropa enganchaba por su oferta de blancura y las hojas de afeitar extrafinas por prometer una rasurada perfecta. Sin embargo, quedaban de lado otro tipo de beneficios —y de problemas— que se resolvían con la compra. Hoy la dinámica comunicativa gira en torno a lo que recibe y gana el consumidor, no solamente en términos del producto mismo, sino de los beneficios asociados a su adquisición.

En el contexto actual de saturación del mercado, en el cual existen muchísimos productos, marcas y por supuesto consumidores, se están imponiendo las llamadas cuatro es. Esta tercera forma de la mezcla —considerada de marketing del futuro— fue planteada por Christopher Graves, presidente y CEO en Asia Pacífico de Ogilvy Public Relations Worldwide.

En este último paradigma el concepto de producto —que luego se había tornado en el consumidor— se fusiona para dar lugar a las experiencias (*experience*) y emociones que afloran con lo experimentado. El precio, convertido en costo, deriva en el intercambio (*exchange*) entre lo que recibe el cliente y lo que también gana la empresa editorial con la vivencia del lector. Y, desde luego, la potencial posibilidad de que la comparta con otras personas.

La plaza —que evolucionó en comodidad— se perfila como *everyplace*: cuando y donde se quiera. Si el libro se encuentra en todos lados —plataformas digitales y espacios físicos— su omnicanalidad se hace presente para dar sustento a esta evolución de la que estamos hablando.

La promoción, a su vez, trasciende de la mera conversación con el cliente para convertirse en la acción de evangelizar (*evangelize*). Graves traduce esto al universo del marketing como la acción de contagiar la pasión y la emoción en una marca; de inspirar y, por qué no, de fidelizarla.

Esto significa que las cuatro es hablan de un consumidor que se configura como un par del negocio —aunque bien puede ser fan o detractor—. Él mismo logra conseguir muchos más seguidores para tu marca que la propia empresa. Así pues, todo depende del proceso completo de servicio que se ofrece al consumidor para que alguien siga promoviéndote. O te aniquile.

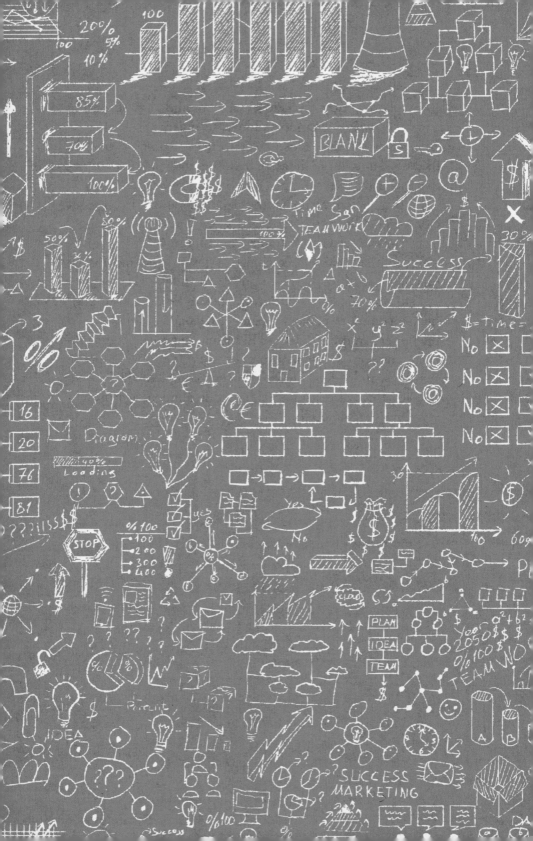

4

SI NO LO LEES, NO LO VENDAS

Una de las tareas más gratificantes para un mercadólogo es construir a un nuevo escritor y lograr que venda muchas copias de su obra. Es una tarea muy ardua. El primer paso en ese sentido consiste en decidir, de acuerdo con el contexto del mercado, por dónde abordar este desafío. Es decir, si se trabaja a partir del título, del autor o de lleno al tema del libro.

El murmullo de las abejas, de la regiomontana Sofía Segovia, fue un manuscrito que llegó a la editora a través de un contacto de ventas, quien lo leyó y quedó prendada de sus personajes y de la historia. Era tanta su fe en dicho trabajo que me entregó una copia para su lectura.

Después de unos días (tiempo que me llevó terminarlo) sabía que teníamos una historia muy potente de realismo mágico al estilo del clásico *Como agua para chocolate*, con la que Sofía lograba que el lector añorara a todos y cada uno de los personajes de su historia de contrastes entre el México del norte y el del sur.

> **Una de las tareas más gratificantes para un mercadólogo es construir a un nuevo escritor y lograr que venda muchas copias de su obra.**

Entonces decidimos hacer una estrategia llamada Embajadores del libro. Quería que todas las personas en la empresa supieran que teníamos en las manos un gran éxito editorial y sabía que muchos —como me había pasado a mí— quedarían fascinados con la historia.

Mucho antes de que estuviera preparado el original para impresión se entregaron a personas clave en la editorial las copias del manuscrito con el objetivo de lograr el boca a oreja interno que, además, nos permitiera expandir el mensaje y que la editorial misma fungiera como semillero para iniciar no solo con la defensa de la obra, sino con la conquista de la misma.

La estrategia funcionó: logramos que en la editorial, en sus puestos de trabajo y pasillos, se iniciara una conversación sobre las abejas y su murmullo. Una vez que se diseñó la portada y se entregó a producción, decidimos hacer un tiraje pequeño de ediciones anticipadas para entregar a los principales libreros. Anunciamos al libro como "el descubrimiento literario del año". Necesitábamos que esa frase tan simple —y utilizada en muchas ocasiones por editores de todo el mundo—[1] generara expectativa por el libro, pero sobre todo porque era cierto, teníamos en las manos una historia que había sido descubierta y que sería el descubrimiento literario del año.

Una vez que tuvimos la complicidad de los clientes —porque ciertamente la obra los había cautivado— iniciamos con una campaña que incluyó la mezcla completa del marketing.

La decisión estaba tomada: la historia tenía tal fuerza que el mensaje se construyó basándose en todo aquello que el

---

[1] Es muy importante que cuando se decida utilizar una frase así se esté convencido de que la propuesta de valor se cumpla. Si no se tiene una historia de calidad, es mejor reservarse su uso porque se pone en juego la reputación de la editorial y, la próxima vez que se utilice, nadie la tomará en serio. No hay nada peor que perder la credibilidad.

libro hacía sentir, al punto de que el eslogan final fue: "Una conmovedora novela que cautivará tus sentidos y se instalará para siempre en tu corazón".

El libro fue acompañado de todos aquellos elementos que despertaran los sentidos: utilizamos promociones con frascos de miel para empaques personalizados, flores y velas con aroma de lavanda para exhibir el libro en los puntos de venta; en puntos claves colocamos una mecedora con la Nana Reja —uno de los personajes de la novela— para que las personas pudieran tomarse una foto allí y después compartirla en sus redes sociales, y nos hicimos acompañar de los blogueros más relevantes de la época.

Utilizamos mucho al protagonista que gozaba, además, de un nombre muy singular —y difícil de olvidar—: Simonopio. En términos de publicidad, contamos con la presencia de Martha Debayle, pusimos anuncios en *¡Hola!* y la revista de Gandhi. A nivel de relaciones públicas, optamos por llevar a Sofía a una gira por el país y algunos puntos de Estados Unidos.

A nivel digital realizamos una serie de acciones de email marketing, enviamos un newsletter a todos los usuarios con un fragmento de la novela, ofrecimos el primer capítulo en código QR y todo se replicó para la venta del ebook; en Amazon contamos con un banner principal en la sección de libros.

Logramos 3 mil 600 descargas gratuitas con la tarjeta de iTunes —que se regalaba en los Starbucks— y 41 mil ejemplares vendidos siete meses después del lanzamiento. La novela también se publicó en Estados Unidos, Chile, Colombia, España y Perú.

El resultado de todos y cada uno de estos esfuerzos fue espectacular: en muy poco tiempo llegamos a ocupar las listas de los libros más vendidos y a la fecha es el libro más emblemático de Sofía.

Experto en autores y en lectores

El triunvirato autor-contenido-libro exige el conocimiento de los aspectos más relevantes de un autor. Cuando menciono "aspectos relevantes" no me refiero solo a su nacionalidad o a su formación profesional, sino que es necesario adentrarse en la profundidad de su escritura y de sus porqués. Desde una perspectiva de ventas, enfoca tus esfuerzos en responder cómo harás para venderlo mejor, cuál es su esencia, qué es capaz de transmitir a sus lectores, cuáles han sido los motivadores más importantes que le han llevado a escribir sobre un tema u otro.

A veces los autores solo escriben porque quieren contar historias, expresar su creatividad e ideas a través de la escritura. Otras, desean compartir conocimiento o un mensaje o una causa. Podríamos adentrarnos a un sinfín de razones —todas muy personales y variadas—, pero lo importante es comprenderlas y potenciarlas.

Existen escritores, por ejemplo, para los que hablar en público resulta sumamente natural; sus habilidades comunicativas superan las expectativas, pero hay otros que no lo disfrutan o no se sienten cómodos haciéndolo. O hay autores que tienen una facilidad enorme para conversar con los medios de comunicación. Hay otros que no.

Hay que proteger, cuidar y nutrir a los autores siempre que esté en nuestras manos hacerlo. Hay que evitar una presentación tumultuosa si no está preparado para afrontarla, o una ronda de entrevistas si no está listo para hacerla. Y si por el contrario es imperativo agendar entrevistas, prepararlo para ellas.

Hay que escucharlo generosamente —pues como creador tiene mucho que aportar para comunicar su contenido— y brindarle la confianza para que lo demás lo deje en las manos de quien sabe cómo hacer las cosas. Y además habrá que acompañarlo,[2] no hay vínculo emocional más fuerte que el de acompañar a un autor en su proceso. Lo más difícil que existe en la industria es justamente lograr que ese acompañamiento se brinde no solo del editor, sino de cada uno de los ejecutivos que trabajarán con ese autor. Esa pasión que exige el acompañamiento deberá permear en toda la organización y puedo asegurar que los libros más exitosos gozan de ese acompañamiento colectivo.

Luego habrá que enfocarse en exaltar el beneficio que obtendrá el lector al comprar un libro, y en la experiencia que le brindará su lectura; esto es fundamental en esta evolución del concepto de nuestro libro-contenido del mero producto a la experiencia que provocará en los sentidos del lector. Ahí está la clave del producto, no le digas al lector qué es, eso ya lo sabe; mejor enfócate en hacerle saber qué va a sentir, qué beneficio tendrá.

Sí, es cierto, un libro es un producto, pero no podemos negar que también entregamos un servicio (entretenimiento o conocimiento) y, por lo tanto, se crea una experiencia en sí misma.

Si se desea lograr una efectiva comercialización de los productos, recomiendo convertirse en un experto en el consumidor, así como también un experto en el autor y en los canales de distribución para los contenidos.

> **66** No hay vínculo emocional más fuerte que el de acompañar a un autor en su proceso. **99**

---

[2] Según el diccionario de la Real Academia Española: Dicho especialmente de la fortuna, de un estado, de una cualidad o de una pasión: existir o hallarse en una persona.

> **Un libro es un producto, pero no podemos negar que también entregamos un servicio (entretenimiento o conocimiento) y, por lo tanto, se crea una experiencia en sí misma.**

Estos tres aspectos serán fundamentales en tu estrategia de marketing. En mi experiencia trabajando con autores-contenidos puedo enumerar la cantidad de expertos en mercadotecnia que desarrollan un plan de promoción sin siquiera haber hojeado el libro que van a promover. ¿Cómo vender aquello que no has experimentado? Así es muy complicado crear una propuesta de valor, pues no se conoce la esencia del libro. Lo mismo pasa con otro tipo de productos y servicios.

Así, de entre los diferentes tipos de lectores, se encuentran los llamados *heavy readers* (lectores asiduos), por su frecuencia tan alta en el consumo de libros, los cuales adquieren normalmente como parte de su canasta básica.

Los *soft readers* (lectores ocasionales), en cambio, apelarán a la compra del libro porque está de moda o porque necesitan resolver un problema —o tienen alguna necesidad apremiante— que los lleva a la compra.

Más de 70% de los libros que son lanzados al mercado como novedades defenderán su posición en la línea de venta tan solo por su portada y su precio, por lo que reitero la necesidad de conocer con claridad la propuesta de valor del libro y que esta esté claramente descrita en la contraportada del libro. O desde la concepción misma de su portada.

Para los expertos en marketing es muy relevante conocer la frecuencia de uso de sus productos, pues muchas decisiones de stock y del tamaño del empaque —así como del precio y la distribución— se fijan en función de este conocimiento. En los libros no es distinto; sabemos, por ejemplo, que los días de mayor venta de libros son a partir del inicio del fin de semana, o cuando el consumidor recibe el pago de su salario.

De tal modo que conocer la frecuencia de uso de los productos y el tipo de compra que representan son factores clave que deben estar presentes a lo largo de la estrategia de marketing, desde su creación hasta su comercialización.

Emociones versus razones

La compra más aludida es aquella hecha por impulso, sin una planificación previa y sin una necesidad inmediata.

Esta decisión suele estar motivada por factores emocionales y psicológicos en lugar de razones lógicas y necesidades reales.

En este tipo de compra la adquisición del producto obedece a una decisión espontánea, motivada —quizá— por emociones como el entusiasmo, el placer, el aburrimiento o el estrés del consumidor, quien puede sentirse atraído al producto por diversos factores: la marca, el envase o su empaque; la forma en que está exhibido, su precio o alguna promoción.

En el caso de los libros la compra por impulso es la más recurrente. El gancho que sorprende al consumidor es una portada muy atractiva o, en ocasiones, el título de la obra, a lo que se suma el tema y a veces el nombre del autor.

En otras tantas importa la forma en la que se exhibe el libro en el punto de venta —de ahí la importancia de la exhibición destacada en las mesas de novedades en las librerías.

Aunque físicamente sea igual o parecido a otro, un libro siempre será distinto en su contenido pues se trata de un producto creado por el intelecto de un individuo: cada autor posee cualidades particulares para la creación. Además, el lector encuentra en el mismo contenido una experiencia diferente cada vez que lo vuelve a leer, y otro individuo con el mismo libro es posible que tenga otra experiencia. En eso consiste la magia de los libros y aquello que los hace únicos.

Si uno se da a la tarea de hacer un *mistery shopper* verá que el proceso natural de los consumidores en los puntos de venta consiste en sentirse atraídos por una portada, tomar el ejemplar y, enseguida, darle vuelta para leer el texto que está en la contraportada. Ahí radica la importancia de que el editor construya un texto de cuarta de forros (nombre técnico de la contraportada) que contenga una elocuente y precisa síntesis, así como argumentos de venta convincentes, que muevan al lector a adquirir ese libro.

En el medio editorial se dice que cuando alguien se siente atraído por un libro y lo toma, 50% de la venta está hecha. El otro 50 depende de que lo persuada la lectura de la contraportada.

Otro factor que impulsa este tipo de compra son las fajillas y stickers que generalmente se utilizan para resaltar un aspecto relevante del contenido. Estos van desde el número de ejemplares vendidos en un determinado tiempo hasta breves citas tomadas de periódicos de gran renombre, líderes de opinión, otros escritores o de los lectores mismos.

Ahora bien, si los lectores o compradores potenciales se encuentran frente a una pantalla, probablemente decidan en función de los lugares en el *ranking* de ventas, o de los comentarios y reseñas que hacen personas que ni siquiera conocen o de las estrellas que le han sido adjudicadas al contenido. En el caso de los libros, el aspecto menos relevante para la compra por impulso suele ser la marca —si llamamos así al sello editorial de la portada que representa a la casa editora.

En una ocasión hicimos un *focus group* —técnica de estudio de mercado en la mercadotecnia en la que, a través de pequeños grupos que se enfocan en un tema en particular, se obtiene información de valor para la toma de decisiones— porque queríamos profundizar en los motivadores que habían llevado a los lectores a construir el fenómeno de la saga Crepúsculo.

Cuando llegamos a preguntar cuál era la marca de dicha saga las respuestas fueron, sorpresivamente, en torno al lugar en donde habían comprado el libro. Nunca mencionaron la casa editorial que lo había publicado.

Un lector puede sentirse atraído a comprar un libro de manera instantánea porque se encontró con una promoción inigualable —como las ofertas relámpago, el compra dos y paga uno, entre otras—. Por lo que muchas veces, luego de haber comprado, el consumidor puede llegar a sentir remordimiento por haber gastado dinero en algo que no necesitaba realmente.[3]

La otra forma de adquisición es la compra planeada. En ella el alto costo de un producto representa un gasto o inversión que el consumidor suele analizar cuidadosamente. Sucede con los automóviles, por ejemplo. Los factores que se ponen sobre la mesa para llevar a cabo son más racionales y se basan en necesidades específicas, preferencias personales y consideraciones lógicas.

Le atribuimos la compra planeada del libro a los *heavy readers*: aquellos que esperan con ansia la salida al mercado de un libro cuyo autor les es ineludible, ya sea porque son fanáticos de este o porque se los han recomendado.

Los compradores que realizan una compra planeada tienden a realizar una investigación exhaustiva antes de tomar una decisión. Esta podría incluir la comparación de precios, la lectura de reseñas, la búsqueda de recomendaciones y la evaluación de las características y los beneficios de diferentes opciones. De ahí que busquen opiniones de terceros, de amigos, familiares o de expertos en el tema.

---

[3] https://www.capitalone.com/learn-grow/money-management/buyers-remorse/.

De tal manera que, al planear la compra, el presupuesto destinado para ella está también establecido y se ajustará a los recursos económicos disponibles; a su vez el comprador no dudará en analizar la calidad, la durabilidad y la utilidad a largo plazo de lo que desea comprar; las experiencias positivas previas influirán, pero también las malas.

Otro tipo de compra planificada gira en torno a la estacionalidad. Por ejemplo, la temporada escolar, la temporada navideña, las vacaciones o la llegada de un bebé a la familia. Así, la compra planificada temporal nos llevará a buscar un libro que ha sido prescrito por alguna entidad educativa, a seleccionar un título porque hemos planeado regalar libros en Navidad, a buscar una lectura veraniega o una que nos ayude a prepararnos para la llegada de un nuevo miembro en la familia.

A la que se realiza una sola vez se le conoce como compra única. Un ejemplo son los inmuebles (casas o terrenos). Sin embargo, en muchos países del mundo existen personas que nunca han adquirido un libro o que a lo largo de toda su vida lo han hecho en una única ocasión. En muchos casos por obligación o una suerte de mandato social...

Por todo ello es muy relevante comprender qué motiva a un consumidor de libros a comprarlos; entender que la compra por impulso se guía a través de motivaciones emocionales, mientras que la planeada por racionales. Esto puede facilitar el desarrollo de tácticas de marketing que ayuden a que estos potenciales compradores se decidan, finalmente, a comprar.

Siempre un libro nuevo

Ciclo de vida. Esa es la manera más apropiada para referirse a las etapas por las que atraviesa un producto desde su creación, lo cual supone que los productos están en un constante cambio conforme a los movimientos del mercado, y que este tiene como propósito una mayor eficiencia, complejidad y diversidad.

La siguiente gráfica muestra un clásico ciclo de vida por el que, en teoría, pasan todos los productos y servicios. Por lo general identificamos la fase del ciclo de vida en la que una marca se encuentra por sus ventas y rentabilidad.

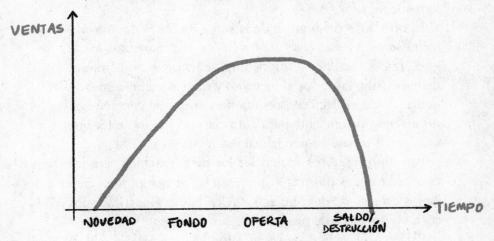

En este ciclo las marcas no están destinadas solamente a madurar y morir, sino que tienen la posibilidad de mantenerse rentables mediante una adecuada y rápida adaptación a la evolución del mercado.

Según la *Harvard Business Review*, saber interpretar los cambios en los mercados y anticiparse a las necesidades de los clientes es la clave de la supervivencia en el largo plazo.[4]

El reto con los libros está en descubrir las múltiples formas en las que se pueden mantener distintos productos —títulos— en constante evolución para satisfacer las necesidades cambiantes de nuestro mercado.

---

[4] https://hbr.org/2020/07/learning-from-the-future.

La industria editorial es mucho más parecida a la industria del entretenimiento, pues, como en el cine, basa al menos 50% de sus ingresos en el lanzamiento de nuevos títulos y autores, y la periodicidad de los nuevos lanzamientos de títulos en las mesas de novedades generalmente es mensual. Una novedad pierde su etiqueta de "nuevo" después de 12 meses de haber sido lanzada al mercado. A este tipo de libros también se les califica de "recientes" y forman parte de la llamada *frontlist.*

El otro 50% del ingreso de la venta de libros de una editorial se obtiene a través de los libros que llamamos *fondo* —en inglés *backlist*—; títulos que tienen más de 12 meses de haber sido lanzados al mercado y que, al seguir teniendo demanda de los lectores, resulta necesario que cuenten con un inventario suficiente para cubrirla —y, por lo tanto, que sus derechos para comercializar estén vigentes.

Este tipo de libros suelen ser los más rentables para las casas editoriales porque, al prolongarse el tiempo de venta en los canales de distribución, suelen haber amortizado los costos autorales y de producción.

Esta clasificación de novedad y fondo (*frontlist & backlist*) es parte del argot de las casas editoriales, pues pocas veces un lector común identifica una novedad de un libro de fondo. Para millones de lectores que se encuentran por primera vez con un libro —a pesar de tener años de haber sido publicado— este siempre será un libro nuevo.

La principal tarea del especialista de marketing en la industria editorial es, entonces, hacer pasar la barrera de novedad del libro para convertirlo en fondo. Esto querrá decir que el boca a oreja que la obra generó es tan potente que se seguirá vendiendo.

Muchas ocasiones las editoriales extienden el ciclo de vida de sus libros a través de la reedición, la cual consiste en hacer una nueva edición de un título determinado, cuya portada o interiores se modifican, casi siempre, mediante la actualización de uno o varios capítulos.

Por lo general, cambiar la portada es el método más usado y el más exitoso, pero no el único: cuando se hace una reedición siempre se cambia la ficha técnica del libro, así como su ISBN o código para comercialización, y se vende como si fuera un nuevo producto.

No hay que confundir reeditar con reimprimir, pues en la reimpresión solo se vuelve a imprimir un producto que tiene mucha demanda y debe producirse constantemente al encontrarse agotado o por agotarse. Se reproduce sin modificar su contenido, a diferencia de la reedición. Es muy común que se reimpriman constantemente novedades y fondo.

Otra forma de alargar la vida de un libro reside en lanzarlo como si fuera nuevo. Esto en un formato diferente —como el de bolsillo, por ejemplo—, con el mismo contenido, pero en un tamaño más pequeño. También se puede optar por hacer ediciones del mismo libro de lujo, con tapa dura, o aprovechando el aniversario de la publicación.

Mi recomendación ante las reediciones es que se debe tomar en cuenta la calidad del contenido, así como su oportunidad en el mercado. Si un libro es malo y se insiste en que logre vender solo cambiándole la portada —o agregando contenido extra— fracasará. Porque al ser "malo" no logrará que los lectores lo adopten y se habrán invertido recursos económicos y humanos que no retornarán la inversión. Revivir un libro que ha muerto generalmente no trae buenos resultados.

Es muy diferente, por ejemplo, cuando se tiene en las manos un libro bueno o muy bueno, pero que no encontró en su lanzamiento el momento ideal. Esas oportunidades son creadas o recreadas porque, en los mejores casos, un productor de cine descubre la historia —véase el caso de *Gambito de dama*, *Tan lejos de ti*, *El padrino* o *Los juegos del hambre*—, muchos otros porque algún líder de opinión o influencer descubrió el libro y lo menciona en sus redes sociales —como la lista de lecturas de Mark Zuckerberg o de Bill Gates—, otros porque surgieron en recomendaciones de clubes de lectura —como en el caso de *Tan poca vida*, de Hanya Yanagihara, que se publicó en 2015 y no fue sino hasta 2022 cuando comenzó a venderse de manera impresionante porque fue descubierto por los clubes de lectura—, u otros tantos porque ganaron un premio como el Pulitzer o el Nobel de literatura —por ejemplo, Colson Whitehead, Donna Tartt, Elfriede Jelinek, Svetlana Aleksiévich, Vargas Llosa o Annie Ernaux.

En todos los casos —ya sea un libro nuevo o no— habrá de tomarse en cuenta que existen múltiples canales de venta —no solo existen los físicos— y que el mayor dispositivo de consulta hoy en día es un teléfono móvil. Por lo que recomiendo que, cuando de diseño se trate, se revise muy bien que el título sea legible en cualquier dispositivo, así como que la portada permita la máxima legibilidad de cualquier elemento que contenga información que ayude a propiciar las ventas.

La visibilidad y encontrabilidad de los libros

Todos los libros que se publican en el mundo deben contar con un código que los hace únicos. Me refiero al ISBN, un número de 13 dígitos que recoge información relevante sobre el editor, el país de edición, el idioma, y que es sumamente importante porque no solo ayuda al lector, sino a las librerías, bibliotecas y a los canales de venta en línea; a los distribuidores y a quienes se hacen cargo de la logística para monitorear las compras y las ventas.

Y aunque cada edición tiene un único código o ISBN, algunos canales de venta —como Amazon, Barnes and Noble, Kobo y Apple— no lo requieren para vender ebooks. Lo ideal es que si se realiza algún tipo de edición —se cambia el título, la portada o el sello editorial— se tendrá que solicitar un nuevo código. Estos no son reutilizables incluso si el libro ha dejado de reimprimirse o ha quedado descatalogado.

Los audiolibros también requieren de un ISBN y este código cambiará en función del idioma en el que está grabado el audio.

Con el boom de las ventas en línea y la necesidad de los editores para que sus libros sean encontrados por los lectores, o que los libros generen mayor visibilidad en los canales de venta en línea, los metadatos obtienen, con el paso de los años, mayor relevancia.

Y es que los metadatos contienen información que ayudará a las librerías, bibliotecas y lectores de todo el mundo a descubrir libros y a que decidan comprarlos.

Los metadatos contienen toda la información que describe a un libro y que incluye título, subtítulo, precio, fecha de publicación, ISBN, formato, entre otros. La clave del desarrollo de los metadatos es hacerlos lo más descriptivos como sea posible, incluyendo elementos como el género, autor, y asignarle las palabras clave en la síntesis del contenido que apelen a la audiencia a la que estás dirigiendo tu libro.

Frases como: "Libro de cocina fácil", "Segunda Guerra Mundial", "Ideal para regalo", "Una madre divorciada", "Drama adolescente" y "Padres de hijos autistas" ayudarán a poner al libro en el radar de los lectores que están buscando libros con esas características.

Hay mucha otra información que puede ser agregada a los metadatos, como las personas importantes u otras marcas que recomiendan los libros, ubicaciones donde la historia está basada, así como el periodo del tiempo en la que se basa; características especiales y argumentos de venta específicos de la edición, como el formato, si tiene ilustraciones, si tiene alguna característica especial en el diseño de portada o en quien narra el libro; también el tipo de audiencia o la edad apropiada —en el caso de libros infantiles— para leerlo.

Los metadatos, de algún modo, juegan el papel del vendedor de piso y, por medio de los algoritmos que utiliza cada plataforma, serán la clave para la visibilidad de los libros. De cierta manera son un ente vivo, pues deberán ser actualizados continuamente porque todos los días ocurren cosas que les podrían brindar una nueva posibilidad de alcanzar a su lector adecuado.

Así, el arte de elegir las palabras clave se convierte en una tarea que es menester de un especialista que además tenga experiencia en técnicas como el SEO, término que veremos con más amplitud en los capítulos siguientes. Es necesario, entonces, ponerse en los zapatos de los lectores para identificar la forma en la que están buscando sus próximas lecturas.

No hay que abusar, sin embargo, de estas palabras clave o de palabras clave falsas solo porque están de moda, pues más temprano que tarde se penalizará el uso indebido de estas.

Para empezar a utilizar las palabras clave se puede probar con los buscadores de Google, Amazon o Mercado Libre los cuales —de manera gratuita y casi automática— mostrarán esas palabras clave o frases que están siendo las más populares en sus buscadores.

> 66
> **Es necesario, entonces, ponerse en los zapatos de los lectores para identificar la forma en la que están buscando sus próximas lecturas.**
> 99

Si se tienen los recursos para emplear herramientas de pago de palabras clave —como Semrush— no hay que dudar en hacerlo. Si además hay posibilidades de agregar a los metadatos, lo que llamamos *metadatos secundarios* —que son fotos de los libros, de sus ilustraciones, audios o videos—, habrá que hacerlo pues los algoritmos priorizarán el hecho de que el libro brinde a los consumidores información de mayor calidad para la decisión de compra.

Además de los metadatos, existen Thema, BISAC y BIC, que son esquemas de clasificación para los libros que permiten agruparlos de acuerdo con las características de su contenido. Thema es la más novedosa, pues sus criterios globales se pueden aplicar a cualquier mercado, mientras que BIC se enfoca en el mercado inglés y BISAC en el estadounidense.

Thema[5] se divide en dos grandes áreas: la categoría y la calificación de dicha categoría. Tiene disponibles alrededor de 20 categorías (Ficción, Artes, Sociedad y Estudios sociales) provistas por un set de seis listas de calificación (Guerra y combates de ficción, Política) que brindan más contexto y que permite que se agreguen calificadores geográficos y de tiempo. Por ejemplo: "Ficción: Guerra y combates de ficción; Política; Alemana".

Esta clasificación estándar internacional ayudará también a ordenar y organizar de una mejor forma el catálogo de libros, pero sobre todo abre ventanas no solo para que se vendan mejor, sino para exportarlos —al ser una clasificación internacional que no requerirá de una decodificación de las clasificaciones locales.

Este mismo organismo internacional fue el que lanzó en el 2000 "Onix para libros", la herramienta que posibilitó la venta de libros físicos y electrónicos por internet gracias a su estándar internacional diseñado para la codificación y el intercambio electrónico de información bibliográfica con orientación comercial basado en XML.[6]

---

[5] Para explorar más sobre Thema, recomiendo la página de EDItEUR (editeur.org).

[6] Según la página de EDItEUR, entre sus objetivos están: "Elevar el nivel de información del libro disponible en formato digital, fundamentalmente

Dicho programa permite que toda la información que compete al libro viaje de forma segura y se actualice automáticamente en las plataformas; además permite que se agreguen metadatos secundarios, como imágenes, audio y videos.

Todas estas herramientas de clasificación internacional han llevado a muchos editores a prescindir de las colecciones, no obstante estas se hayan creado alrededor de un mismo autor o de su temática. Por ejemplo, la temática de ciencia ficción, o los ensayos posrevolucionarios, será, en muchos de los casos, el indicador clave para la segmentación del público objetivo para la estrategia de marketing, de comercialización y, sobre todo, para la estrategia editorial, cuya función principal es la creación de nuevos contenidos. Es el conjunto de colecciones lo que indica el tipo de contenidos que se desarrollan en la editorial, y en función de este se va construyendo un catálogo.

Es importante hacer hincapié en que la función de una colección no debería ser limitante. Es decir que si se descubre o construye un contenido que no encaja en la colección y se piensa desestimar, debe ocurrir al contrario, pues siempre existe el "fuera de colección". Aunque siempre se tendrá la oportunidad de crear una nueva colección.

Las ventas que se originen de estas colecciones ayudarán a identificar las áreas de oportunidad en la creación de nuevos contenidos o en la saturación de temáticas.

Existen muchas otras clasificaciones utilizadas en la industria editorial. A veces se clasifican los libros por el país de origen donde se produjo el título. Si se produce fuera del país y se importa para comercializarlo se clasifica como importado, pero si se produce localmente se considera nacional o local.

en entornos de venta en línea, webs de libros y lectura, y constituirse en un referente internacional, es decir, entendible y utilizable en cualquier entorno cultural".

Cual sea la clasificación que acomode más a la hora de crear nuevos contenidos, o de distribuir y comercializar los libros, recomiendo que para contender en un mundo globalizado es ideal intentar apegarse a las normas internacionales. Esto con el objetivo de competir y expandir el negocio con la mayor facilidad posible.

Aunque la competencia en materia de libros sea de gran intensidad, por lo general la oferta es mayor que la demanda. Basta con observar la enorme cantidad de libros que cada mes se exhiben en las mesas de novedades. También abundan en los anaqueles de las librerías los títulos de fondo, clasificados por autores o por temáticas, por lo cual se explican los grandes índices de devoluciones.

Comparada con la de productos de consumo, sin embargo, la demanda de libros es mucho menor. Los productos de consumo poseen una alta demanda por su gran valor como satisfactor básico, mientras que la demanda de libros suele ser directamente proporcional al nivel educativo de su población y a sus hábitos de lectura.

No obstante, la industria editorial se mantiene estable y cuenta con un gran número de lectores.

5

EL PODER DEL PRECIO

A finales de marzo de 2020, una vez instalada la pandemia en nuestra vida, se tomó la decisión en la editorial de trabajar desde casa. Los colaboradores comenzaríamos (sin saberlo) un periodo de trabajo en esa modalidad de dos años.

Hacia abril de ese mismo año todas las librerías de México cerraron porque el gobierno no consideró al sector de los libros entre las "actividades esenciales".

Durante ese periodo la venta de libros en México cayó en un 79%, según información recabada por BookScan (el servicio de Nielsen para medir la venta de libros en un determinado territorio).

El impulso de los formatos digitales —ebook y audiolibro— fue muy grande, pero nunca como para sustituir la venta de libros en papel. Muchos pequeños y grandes editores lanzaron una oferta muy amplia de títulos en estos formatos, de forma gratuita, para los lectores.[1]

De manera interna, en la editorial nos cruzábamos emails y mensajes de chat sobre la idea de sumarnos a estas iniciativas de regalar nuestro producto, pero siempre nos negamos. Como respuesta a estas acciones y al gran desafío que

---

[1] Recomiendo que no se regale aquello que se produce por reputación, por imagen y por razones económicas.

representaba no contar con el canal principal de distribución —las librerías físicas— mejor decidimos lanzar el programa "Quédate en casa".

Su objetivo principal consistió en promover la venta en línea de los formatos digitales durante la crisis pandémica por covid-19, pero sobre todo se encaminó a incentivar al usuario no solo a cuidarse en casa, sino a aprovechar el tiempo haciendo algo que casi nunca puede hacer: leer.

Como mensaje de comunicación elegimos un tono retro que seguía la tendencia de la nostalgia: apelamos a aquella época en la que las familias se reunían alrededor de la radio o la televisión: "Tu casa es un lugar de relajación y descanso en el cual puedes leer nuestros títulos (y adquirirlos de manera fácil e instantánea) y tener todas las comodidades al alcance".

De esta forma nos unimos a la causa de aminorar los efectos del covid-19 y de proteger a las familias al pasar el tiempo de confinamiento aprovechando el ocio de la mejor forma en la que se puede aprovechar, que es leyendo. Decidimos evitar, en la medida de lo posible, los mensajes alarmistas, disminuir el uso de la palabra *cuarentena* y no recordar en todo momento las recomendaciones en torno al encierro obligado. No negamos la realidad, pero tampoco la enfatizamos; para qué reiterar aquello que ya se sabía.

Todos los activos de *social media* de la editorial se enfocaron en esta campaña. Además, decidimos crear una *landing page* donde los lectores pudieran leer fragmentos de nuestros libros de manera gratuita. Así brindamos una alternativa más de cultura y entretenimiento para aquellos que buscaban contenidos gratuitos.

Nuestras publicaciones en redes sociales estuvieron orientadas a las ventas y promovieron la campaña a través de títulos para leer en los formatos digitales. Utilizamos etiquetas emocionales[2] y también comunicamos las promociones de ebooks y audiolibros en nuestros *landings* de Google. Dimos difusión a nuestros distribuidores —como Sanborns, Gandhi, El Sótano— para aquellos lectores que preferían el formato físico.

Con el fin de ofrecerle al lector contenido fresco solicitamos a los editores que desde la comodidad de su casa nos dieran recomendaciones o nos mostraran su librero, lo cual derivó en la sección para redes sociales llamada "En casa del editor". Nos metimos a su intimidad y creamos un videoblog mediante el cual, a través de la mirada de cada editor, mostrábamos a los seguidores elementos cotidianos y descubríamos uno o dos títulos.

Poco a poco nos dimos cuenta de que durante la pandemia tomaban cada vez más auge todas las actividades que se realizaban en casa, tales como cocinar, limpiar, ordenar. Con base en eso creamos la sección "Una mejor persona".

Esta se conformaba de temáticas caseras, como guías de cosas que los lectores podían hacer. Por ejemplo: lunes de "Limpiando con Mari Kondo"; martes de "Dominando los miedos con Rafael Santandreu", miércoles de "Cocina con Pizca de Sabor", etcétera. Así, cada día de la semana había un autor con una propuesta clara y práctica de qué hacer en casa.

Para la hora del café abrimos la sección "Un café con…", cuyo objetivo era que, durante 20 o 30 minutos, uno de nuestros autores contara, café en mano y vía Live, las lecturas que había hecho, que más le habían gustado, y que compartiera contenido que inspirara a muchos lectores. También agregamos a la página un "Experto recomendador" para que diera a los lectores sugerencias sobre lecturas.

---

[2] Las *etiquetas emocionales* son categorías que creamos para que todos los libros apelaran a que los lectores se identificaran con una emoción al leer nuestros libros: libros para reírse, libros para morirse de miedo, libros para ser felices, etcétera.

Desde luego pensamos en las personas menos asiduas a internet. Para apoyar a aquellos lectores que nunca habían hecho una descarga de algún producto digital, agregamos al sitio un manual de descarga tanto para la versión Android como para la versión iOS.

Esta campaña se extendió durante 2020 y fue transversal a todas las acciones de mercadotecnia que realizamos.

El valor del producto para el consumidor

El precio no es únicamente el importe en dinero o en especie pagado por un bien o servicio. Es también el valor del precio; el valor percibido que los consumidores le atribuyen a un producto o servicio.

Abarca todo el conjunto de esfuerzos desarrollados, molestias e incomodidades experimentadas, además del tiempo que el consumidor debe invertir para satisfacer sus necesidades.

En otras palabras: se trata de entender si lo que se paga por algo está en línea con lo que se obtiene a cambio.

Existen varios factores que condicionan la fijación de un precio. Estos van desde el tipo de mercado y los objetivos de la empresa hasta el propio ciclo de vida del producto. Antes de fijar un precio los mercadólogos deben preguntarse: ¿qué valor tiene el producto o servicio para el consumidor? ¿Cuál será el precio del mercado? ¿Tiene el producto elasticidad alta, media o baja? ¿Cuáles son los descuentos que se ofrecen a los canales de distribución? ¿Cómo se comparan los precios frente a los competidores? ¿Qué tipo de demanda tendrá el tema que se publicará? ¿Cuánta competencia tiene ese autor o título en el mercado? ¿Es un libro único en su giro?

El precio tiene una gran importancia por ser un mecanismo a corto plazo y una gran flexibilidad que permite obtener efectos inmediatos sobre las ventas y beneficios, según va evolucionando el mercado. Cuando se ofertan los productos porque la venta ha bajado, por ejemplo, se reduce el precio.

En este esquema resulta riesgoso entrar en una guerra de precios con la competencia, pues esto podría dañar seriamente la rentabilidad del producto y la percepción del consumidor frente al mismo.

Y como tiene importantes repercusiones psicológicas sobre el consumidor —y sobre el posicionamiento del producto—[3] es vital que el precio se fije de acuerdo con las variables económicas que requiere el negocio, pero que también vaya de la mano con el valor percibido por el consumidor. Es importante que lo perciba como justo. No es casualidad que las personas prefieran los precios que terminan en 9 y no aquellos que están redondeados.[4]

De lo contrario, si considera que el precio es muy alto, seguramente no estará dispuesto a adquirirlo, y si es demasiado bajo puede rechazar el producto por considerarlo de baja calidad.

> **Es vital que el precio se fije de acuerdo con las variables económicas que requiere el negocio, pero que también vaya de la mano con el valor percibido por el consumidor.**

A menudo los consumidores equilibran la calidad percibida con el precio pagado. Si un producto es de alta calidad y el precio es razonable con esa calidad, estarán dispuestos a pagar más. Sin embargo, la sensibilidad al precio y la importancia que le brinda el consumidor no siempre es la misma.

---

[3] https://www.bain.com/insights/how-customers-perceive-a-price-hbr/.
[4] https://www.iproup.com/innovacion/23595-marketing-y-psicologia-por-que-todos-los-precios-terminan-en-9.

No es constante. En tiempo de recesión, por ejemplo, el consumidor verá disminuida su capacidad de compra y, por lo tanto, se volverá más sensible a lo que debe desembolsar y buscará, en la medida de lo posible, ahorrar en sus compras.

Como sea, las reacciones del mercado varían ante las alzas o bajas de los precios. Si se elevan los precios, se pueden ocasionar fuertes contracciones de la demanda y el mercado podría estimar que estos seguirán al alza; en cambio, una disminución de los precios es aceptada positivamente la mayoría de las veces, aunque no siempre consigue estimular la demanda y puede percibirse como una disminución en la calidad del producto.

Lo cierto es que el precio se convierte en un valioso indicador de la calidad del producto, del prestigio, de la imagen de marca o de la oportunidad de la compra. Además, por su carácter material, el consumidor aprecia con mayor claridad la relación existente entre el precio del producto, su calidad y el valor que representa para satisfacer sus necesidades.

El universo de la fijación de precios de un producto

A lo largo de mi carrera he conocido muchos mitos alrededor de la fijación de precios a los libros. Uno de ellos lo retuve en mi memoria, se lo escuché decir a un director general de una editorial, quien contó que uno de sus jefes se ponía en una mano el libro y de acuerdo con su peso se fijaba el precio. Si pesaba más, el precio era más alto y, si pesaba menos, el precio se determinaba en consecuencia.

Lo cierto es que no existe un método infalible para la fijación del precio en los libros. Se puede utilizar cualquiera de los que expongo a continuación.

El precio fijado para un libro dependerá de la estructura de costos de cada libro, de la relación oferta-demanda que guarda dentro de su categoría, de la sensibilidad que muestre el consumidor ante la fluctuación de los precios, de los niveles de canales de distribución por los que tendrá que pasar, de las condiciones macroeconómicas, de la situación actual del mercado y de los competidores, de la ingeniería financiera de la empresa y, por ende, del margen de utilidad a obtener con miras a los objetivos de negocio y la estrategia de mercado que se desea implementar.

Así, a partir de lo anterior se desprende una serie de métodos para la fijación del precio del producto. Destaca entre ellos el basado en el costo total unitario más la utilidad unitaria, determinado por el costo de producción de una unidad del producto para establecer una base del precio, agregándole un porcentaje de utilidad deseado —por unidad— que va a determinar el precio final.

El sistema basado en el costo marginal se refiere al costo que tiene cada unidad adicional producida. El basado en los intermediarios se cimienta cuando la fijación de precios obedece a las economías de escala y consiste en que cada uno de los intermediarios que interviene en la cadena de distribución requiere que se plantee un margen de utilidad en función del servicio y cobertura de mercado que proveerá al producto.

En los casos en que el mercado se ha pulverizado por la competencia —y cuando el producto no posee una ventaja competitiva que apoye su diferenciación— se fija un precio promedio de mercado que se obtiene mediante el cruce de la ponderación de atributos de los productos de distintas marcas, el valor percibido por parte del consumidor y el precio de equilibrio que debe guardar el mismo producto. Entonces, el PVP (precio de venta al público) es el resultado del precio del fabricante más los márgenes de distribución y, por supuesto, más el IVA.

No hay por qué preocuparse de eso por ahora, pues tener claridad sobre la construcción de una buena estrategia de precios siempre es complicado ya que, además, a esto se le suma la presión de ser asertivos para obtener los objetivos de negocio esperados.

Asimismo, no hay que perder de vista que el costo de un libro siempre contempla el costo por producirlo (papel, tinta, encuadernación y acabados) y el costo por editarlo (varía en función a los procesos que llevaste a cabo: ilustraciones, correcciones, formación de original, traducciones); la suma de ambos es lo que se conoce como costo total de producción. Ese costo, dividido entre el número de ejemplares, te dará el costo unitario de producción.

Cada compañía editorial es diferente, desde luego. Por su tamaño, por el tipo de títulos que ofrecen al mercado, por las diferencias entre sus gastos fijos y variables, entre otros factores. De ahí que mi recomendación sea que antes de asignar un precio se lleve a cabo un análisis financiero para encontrar aquel factor que, al final, le brinde al negocio la rentabilidad deseada.

Por lo tanto el método más factible para la asignación del precio a un libro es la construcción de un estado de resultados para cada contratación o creación de producto. En algunas empresas lo llaman también *estudio de viabilidad*.

Esto es que, antes de contratar o crear un proyecto, se analicen y proyecten todas las variables (costos y gastos) que lo componen para que se determine si realmente un libro recuperará la inversión que se está pensando poner en él.

Aun habiendo hecho el estudio de viabilidad, este no dejará de ser una proyección. El momento de la verdad se dará cuando el libro sea lanzado al mercado, pues a pesar de que se haya realizado el estudio, puede ser que se pierda dinero o que se gane mucho más de lo proyectado. Esa es otra particularidad de nuestro negocio: no tenemos forma de predecir la demanda con 99% de confianza.

6

LO VEO, LO QUIERO

Martha Alicia Chávez es una escritora jalisciense que inició su carrera en las letras con un libro que rápidamente posicionamos en la lista de los más vendidos, *Tu hijo, tu espejo*, y con el tiempo se convirtió en un longseller y en el libro de *parenting* de referencia en el país. Sin embargo, en este caso no hablaré de ese título, sino de *Hijos gordos*.

La autora se decantó por una portada que, a mi parecer, denotaba agresión —y por lo tanto rechazo— porque se trataba de la imagen de una niña extremadamente obesa que estaba comiendo dulces. Pensé que los padres sentirían rechazo al llevar un libro con un empaque tan desolador, pero cuando tratamos de persuadirla de cambiar de fotografía, la autora pidió que se quedara porque siempre había trabajado con portadas que tenían imágenes directas, duras, y que esta no sería la excepción.

Por si fuera poco, ese libro fue elegido para distribuirse en Costco, un canal de distribución que vende al mayoreo a través de una membresía y que solía realizar diferentes promociones para vender libros.

La ironía fue que la promoción de ese mes consistía en colocarle al producto un sticker que decía: "Compra este libro y Costco te regala un combo de hot dog y refresco".

Fue por la cantidad de memes que comenzaron a viralizarse en las redes sociales que nos enteramos. No dimos crédito de lo que estaba pasando.[1]

El equipo comercial le pidió explicaciones al cliente y este argumentó que no debieron enviar ese libro porque ya se sabía la promoción en la que participaban todos los libros que vendía la cadena.

La autora estaba molestísima con toda razón y exigía que retiraran el libro de inmediato de ese canal de venta. Por supuesto que no pudo ser tan inmediato; hacerlo tardó incluso un poco más de lo esperado.

Cuando llegó el momento de revisar el comportamiento de las ventas vimos que el resultado de este libro estaba muy por debajo de las expectativas para una autora bestseller. Así que, finalmente y en consenso con la autora, cambiamos la portada por una mucho más amable que invitara a los padres a comprarlo. Los resultados mejoraron de forma notable.

Sobre algunos canales de distribución

Durante años nuestra industria editorial ha dejado su estrategia de comercialización en manos del conocido modelo B2B (*business to business*, negocio a negocio), un procedimiento en el que el libro pasa del editor a las librerías o a los canales de venta no especializados en libros y no directamente al consumidor.

Aunque muchas editoriales ya ofrecen la venta directa (B2C, *business to consumer*, negocio a consumidor), el negocio más grande se encuentra en el modelo B2B.

---

[1] A la fecha se puede buscar en Google "Hijos gordos y Costco" y encontrar dicha imagen.

La librería es el principal —y más común— canal de distribución de nuestro producto porque es la única dedicada a la venta de libros. Grandes, pequeñas y especializadas, todas se dedican a vender libros —tanto fondo como novedades— y por lo general los exhiben en mesas o anaqueles por temáticas o sellos editoriales.

Las ferias de libros también son lugares clave para la exposición, promoción y venta de libros. Estas manifestaciones comerciales periódicas y de corta duración ofrecen un sinfín de oportunidades y ventajas: a las ferias suele asistir un público objetivo de alta calidad con predisposición a la compra.

Otras de las bondades de las ferias —de las que hablaré más a fondo en el próximo capítulo— como canal de venta es que, al reunir a la competencia allí mismo, se convierten en espacios aptos para hacer *benchmarking*.[2] Con esto quiero decir que desde ahí se puede obtener información útil sobre qué están ofreciendo las demás casas editoriales, sus precios y sus ventajas.

Además, las ferias también son puntos para la difusión y la venta donde se proporciona información útil y donde se toman pedidos a compradores potenciales, como bibliotecarios, distribuidores, particulares o instituciones; ahí se establecen relaciones y se potencia el lanzamiento de nuevos productos.

Otros canales tradicionales son las tiendas departamentales y las tiendas de autoservicio, cuya oferta de libros se limita a las novedades de alta rotación y bestsellers. A estos canales también les llamamos "no especializados en la venta de libros".

Los consumidores que acuden a estos establecimientos a adquirir libros, en su mayoría, lo hacen por impulso o son

---

[2] https://www.salesforce.com/mx/blog/que-es-benchmarking-y-como-aplicarlo/.

generalmente esporádicos o no asiduos que buscan las últimas publicaciones coyunturales, mediáticas y populares.

Con todo esto nos hemos referido a la tercera pe del marketing, el proceso que sigue el libro para finalmente encontrarse con las manos de su lector. La plaza relaciona la producción con el consumo o con el lugar estratégico en donde el producto se encuentra a disposición del consumidor.

La función del mercadólogo será, entonces, la de estimular la adquisición del producto en el punto de venta. Parece una tarea muy sencilla, pero implica tomar muchas decisiones estratégicas para lograr el cumplimiento de los objetivos de negocio.

Entre estas están las del diseño y la selección de los canales de distribución; el diseño, los perfiles, la evaluación y motivación de las personas que conformarán al equipo de ventas; el diseño de la cobertura que realizará la editorial con base en los dos criterios anteriores —esto incluye la localización y la dimensión de los puntos de venta—; las actividades que se llevarán a cabo para estimular a la demanda y, también, las condiciones comerciales con las que se venderán los libros, la logística o distribución física y la administración de inventarios.

Insisto: una tarea nada sencilla.

> **"** La plaza relaciona la producción con el consumo o con el lugar estratégico en donde el producto se encuentra a disposición del consumidor. **"**

El principio de omnicanalidad

Conforme el mercado evoluciona los canales de venta en línea crecen y toman más fuerza. Así, se clasifican como *puros* aquellos que nacieron para vender en línea —como Amazon o Mercado Libre— y como *tradicionales* (*brick & mortar*), pero con venta en línea, a aquellos que ofrecen la venta de sus productos a través de sus plataformas digitales, aunque esta modalidad no constituya su negocio principal —por ejemplo Gandhi o Barnes & Noble.

Por lo general los canales puros trabajan con tecnologías de cuarta generación que requieren una reacción diferente por parte de la cadena de suministro y al hacer uso de esta tecnología se encuentran algoritmos que van trabajando y evolucionando en función de generar una mejor experiencia del consumidor.

De tal modo que toda la dinámica del comercio digital se hace cada vez más compleja, pues el consumidor ha evolucionado. Hoy en día la entrega de una verdadera experiencia de compra se suscribe en la *omnicanalidad.*

Imagina a alguien que está interesado en leer *El cuento de la criada*, de Margaret Atwood. Antes su única opción era ir a una librería física, buscar el libro en las estanterías y comprarlo. Con la omnicanalidad ahora tiene múltiples opciones para obtenerlo: puede visitar el sitio web de una librería en línea y buscarlo. Allí encontrará los diferentes formatos disponibles: podrá comprar la versión impresa y recibirla en su casa, descargar una versión digital para leer en su dispositivo electrónico o, incluso, escuchar el audiolibro a través de una plataforma de streaming.

También podría utilizar aplicaciones de lectura en su tablet o smartphone y acceder al libro digital de forma instantánea. O realizar una reserva en línea y recoger el libro en la tienda física otro día. Incluso podría explorar plataformas de intercambio de libros o comunidades en línea donde los usuarios comparten libros usados.

La omnicanalidad en el mundo de los libros permite elegir la forma más conveniente para acceder a la lectura deseada. Se pueden combinar diferentes canales —como el sitio web, la aplicación móvil y la tienda física— para obtener el libro y disfrutar de la experiencia de lectura de acuerdo con preferencias y necesidades.

Y aunque suena muy fácil, hacerlo realidad desde una sola marca de distribución es complejísimo.

Tres modalidades de venta en línea

Hoy en día las tres formas más comunes de venta en línea son el *e-commerce*, el *marketplace* y el *dropshipping*.

El *e-commerce* —o comercio electrónico— se refiere a la compra y venta de bienes y servicios a través de internet. En el *e-commerce* una empresa o individuo puede tener su propia tienda en línea donde los clientes pueden realizar pedidos y realizar pagos directamente. El propietario de la tienda es responsable de gestionar el inventario, procesar los pedidos y enviar los productos a los clientes. El *e-commerce* permite a las empresas llegar a un público global y ofrece comodidad tanto para los compradores como para los vendedores.

En el caso de los libros, cuando el editor hace una negociación con un *e-commerce* genera un contrato con las condiciones comerciales que hayan acordado; recibirá órdenes de compra del *e-commerce* y entregará el producto en el lugar de almacenaje que la tienda le haya solicitado.

A nivel de negociación, funciona de manera muy similar que una tienda de venta de productos físicos, solo que en lugar de velar por exhibiciones destacadas se enfoca en las visitas que los lectores hacen a la tienda en línea y en la visibilidad y en la forma en la que encuentren los libros que están buscando.

Por otro lado, el *marketplace* es una plataforma en línea que reúne a múltiples vendedores y compradores en un solo lugar. Estos vendedores no tendrán que invertir en la tecnología necesaria para crear una plataforma de venta en línea porque otro ya lo ha hecho. Entonces ellos solo se dedican a ofrecer sus productos pagando una comisión por el uso de la plataforma y alineándose a las políticas que la misma haya establecido.

En un *marketplace* los vendedores (también llamados *sellers*) pueden listar sus productos y los consumidores pueden explorar y comprar productos de diferentes vendedores. Es común que incluso el mismo producto sea ofrecido por un conjunto de vendedores, lo cual permite al consumidor comprarle a quien tenga el mejor precio o brinde el mejor servicio.

El *marketplace* facilita la transacción y proporciona servicios como el procesamiento de pagos y la resolución de disputas. Los vendedores son responsables de gestionar su propio inventario y de enviar los productos a los clientes.

Algunos editores en el mundo han entrado a este tipo de modelo de venta porque con ello se ahorran el desarrollo de tecnología y pueden ofrecer sus productos fácilmente. Para América Latina, Mercado Libre es un claro ejemplo de *marketplace* —aunque Amazon también provee dichos servicios, no solo de *e-commerce*—. El editor entonces se convierte en vendedor al utilizar la página y la tecnología del dueño de la plataforma para vender sus libros.

El editor nunca entregará su inventario al dueño de la plataforma, sino que a través de los pedidos que reciba desde la misma se hará cargo del envío directamente al consumidor. Otra opción es que no se entere de que hay cientos de vendedores que le compraron el libro a alguien más y lo ofrecen a diferentes precios en estas plataformas.

Imaginemos que hay un *marketplace* llamado Mundolibro, el cual se especializa en la venta de libros de diferentes géneros y autores. En este hay una amplia variedad de vendedores registrados, desde librerías independientes y editoriales hasta vendedores individuales.

Cuando los usuarios visitan Mundolibro pueden explorar una amplia selección de libros de diferentes vendedores. Pueden buscar por título, autor o género y comparar precios y condiciones de envío distintas. Por ejemplo, un usuario puede encontrar *El ruiseñor* y ver que está disponible en varias ediciones y precios, ofrecidos por diferentes vendedores.

Una vez que el usuario encuentra el libro deseado puede realizar la compra directamente en Mundolibro, plataforma que se encarga de procesar el pago y facilitar la comunicación entre el comprador y el vendedor. Después de realizar la compra, el vendedor correspondiente se encarga de empaquetar y enviar el libro al cliente.

En este ejemplo el *marketplace* brinda a los usuarios la conveniencia de encontrar una amplia selección de libros en un solo lugar con la posibilidad de comparar precios y características entre diferentes vendedores. Además les ofrece una plataforma para llegar a una audiencia más amplia y gestionar sus ventas de manera centralizada.

Otro modelo de venta en línea es el *dropshipping*, donde el minorista no mantiene un inventario físico de los productos que vende. En cambio, cuando recibe el pedido de un cliente, este lo transmite al proveedor o mayorista, el cual se encarga de enviar directamente el producto.

Así, el minorista actúa como intermediario y obtiene mayores ganancias al vender los productos a un precio mayorista. El *dropshipping* permite a los minoristas iniciar un negocio en línea con mínima inversión inicial y eliminar así la necesidad de gestionar el inventario y el envío de productos.

Imaginemos a un emprendedor que desea iniciar un negocio en línea vendiendo libros a través de *dropshipping*. En lugar de mantener un inventario físico, establece acuerdos con proveedores mayoristas o distribuidores de libros.

Un cliente realiza un pedido en su tienda en línea y realiza el pago. En lugar de enviar el libro desde su propio almacén, envía los detalles del pedido y la dirección del cliente al proveedor mayorista con el que tiene un acuerdo de *dropshipping*.

El proveedor mayorista se encarga de empaquetar y enviar el libro directamente al cliente en tu nombre, sin incluir ninguna información de su empresa en el paquete. El cliente recibe el libro y tú obtienes una ganancia por la venta, ya que has establecido un precio mayorista al que compraste el libro al proveedor.

En este ejemplo el *dropshipping* permite gestionar un negocio de venta de libros sin tener que preocuparse por almacenar, empaquetar o enviar los productos, enfocándose únicamente en la gestión de la tienda en línea, el marketing y la atención al cliente, mientras que el proveedor mayorista se encarga de la logística.

El libro correcto en el canal correcto

Si tomamos en cuenta la experiencia de Amazon como el jugador más fuerte en este campo, la clave del comercio electrónico es su orientación hacia el consumidor; enfocarse en brindar una óptima selección de productos y, muy importante —diría que esencial—, la mejor experiencia de usuario en los procesos de preventa, venta y posventa.

Los canales de distribución en línea también se distinguen por contar con una gran gama de ofertas y precios accesibles, lo cual aumenta permanentemente el tráfico. En dicho contexto, los editores acceden a vender su catálogo a través de las plataformas de comercio electrónico o a crear sus propios espacios de *e-commerce* con el objetivo de quitar la desintermediación y conocer mucho más de cerca a sus consumidores y lectores.

Las librerías online, por su parte, combinan la venta en línea con la física. Su principal desafío es su capacidad de evolucionar para convertirse en tiendas multicanal o en lograr la omnicanalidad. La clave para lograrlo es que el objetivo del negocio esté orientado a la experiencia del consumidor.

Otro de los factores de mayor relevancia en la venta a través del comercio electrónico consiste en las promesas de tiempos de entrega a los consumidores. Esto lleva forzosamente a que los editores transformen sus cadenas de suministro para acortar el tiempo de cada uno de los procesos. En muchas ocasiones esto lleva a plantearse la necesidad de invertir en tecnología para ahorrar en costos y en eficiencia.

Cuando se vende en línea se produce el efecto de la "larga cola". Se comienzan a vender pocas unidades —en un periodo largo de tiempo— de títulos que probablemente no se pensaba que volverían a venderse, lo cual obligará a cambiar los procesos de producción para tener el mínimo inventario disponible de todos los productos que se ofrezcan en línea.

De tal modo que la elección del canal de distribución se vuelve medular. De acuerdo con las estadísticas de venta de los libros es posible identificar cuáles podrían ser los mejores canales de distribución para determinados títulos, en función del género, del precio, del tipo de consumidores que acuden a qué canal.

Ya que el libro ha sido enviado al punto de venta idóneo la función del mercadólogo será la de hacer saber que el libro se encuentra ahí y la de estimular la adquisición del producto en el punto de venta.

Una de las decisiones estratégicas en materia de distribución de libros será la intensidad de la misma, pues este es el factor que define el tiro (la cantidad de ejemplares que se producirán) de un libro. Recordemos que la distribución implica muchas decisiones estratégicas para una mejor asignación de los recursos económicos y humanos destinados a facilitar la encontrabilidad de los lectores, es decir, que los lectores encuentren fácilmente el libro que están buscando. Así, esta intensidad se clasifica en *intensiva*, *selectiva* y *exclusiva*.

En la intensiva se buscará que el libro llegue a todo el universo de puntos de venta disponibles en tu cartera de clientes. Cuando es selectiva, como su nombre lo indica, es porque se eligen los canales de venta más adecuados; se utiliza mucho con contenidos dirigidos a nichos de lectores especializados —por ejemplo de novela gráfica— o a canales que buscan contenidos específicos como cómics, feminismo, entre otros. La maravilla de hacer una distribución selectiva es que se toman en cuenta las variables del tipo de consumidor al que se dirige el contenido versus cuáles son los puntos ideales donde ese consumidor hace su compra.

Por ejemplo, si se tiene una novela histórica que trata sobre un acontecimiento particular en una zona o estado seguramente será más inteligente enviar ejemplares a dicha región y puntos aledaños; o si se trata de un libro cuyo contenido y precio es ideal para distribuir solo en tiendas de autoservicio, elegirás hacerlo únicamente en ese canal.

Otro ejemplo claro de este tipo de distribución son los coleccionables, los cuales irán, principalmente, al canal de voceadores o a las tiendas que, por su infraestructura, también los puedan ofrecer al público.

De tal modo que la distribución selectiva es la más rentable porque hace eficientes los costos (envíos) y porque es la que menor devoluciones generará a la larga.

La distribución exclusiva, por su parte, se enfoca en distribuir un contenido en un solo canal, previo acuerdo con el mismo. Esta funciona de este modo: supongamos que se va a lanzar al mercado el último volumen de la saga Canción de hielo y fuego, de George R. R. Martin[3] y se decide hacer una edición autografiada y en pasta dura diferente a la que se va a ofrecer al resto del mercado. Por tratarse de una edición tan especial, habrá de ubicarse en un solo canal, aquel que brinde espacios especiales de exhibición.

Otro ejemplo podría ser cuando, para una promoción de una campaña estacional, se decida hacer una edición especial para un cliente: para el día de los enamorados se ofrece el hipotético título *100 poemas de desamor y otros entuertos* a un solo cliente con el objetivo de generar una ventaja competitiva.

Pero ¿cómo elegir lo mejor posible los canales? Para empezar sugiero hacer una ficha de cada canal. En ella se detallará su identidad, cuáles son sus cimientos, valores u origen, filosofía, historia, número de sucursales, ranking del proveedor, número de proveedores, competidores principales, público objetivo, ticket promedio, géneros o títulos de mayor venta y toda la información que se considere relevante.

Por ejemplo:

Nombre de la librería: Librería 1408
Cimientos: librería especializada en libros de terror, misterio e intriga, novela negra
Fue fundada por Chris Wolf en 2002 después de haberse inspirado en el relato corto del libro publicado por Stephen King llamado *Todo es eventual.*

---

[3] Hasta el cierre de la edición de este libro el autor aún no ha entregado el final de la saga.

Comenzó con un local de 45 m² en el centro de la ciudad ofreciendo un catálogo de 200 referencias.
Ocho sucursales a la fecha
Cuenta con proveedores que le surten primeras ediciones, ediciones especiales y ediciones exclusivas.
Ticket promedio: 28 dólares
Títulos promedio por compra: 2
Competidores principales: Mundolibro y Página Pesadilla
Género de mayor venta: crimen real

En la medida en la que esta ficha esté actualizada y pueda automatizarse cual si se tratara de una base de datos, permitirá obtener información de gran valor para realizar una distribución estratégica, pero sobre todo ahorrará tiempo porque, en el caso de cambiar al vendedor responsable del cliente, se podrá tener la historia del mismo a la mano y, en consecuencia, el vendedor optimizará sus resultados.

Cuando se está planificando la distribución de libros hay que tomar en cuenta la cobertura del mercado de cada uno de los canales de distribución versus el público al que se quiere llegar con el tipo de libros que se van a ofrecer. Hay que observar con lupa el tipo de consumidores que atrae cada canal, pues el desafío de empatar el contenido de un libro con los canales o medios adecuados busca, básicamente, cumplir la premisa de "el libro correcto en el canal correcto".

> **Cuando se está planificando la distribución de libros hay que tomar en cuenta la cobertura del mercado de cada uno de los canales de distribución versus el público al que se quiere llegar con el tipo de libros que se van a ofrecer.**

Los mejores lugares del mundo para crear comunidades

Imaginemos una librería que se encuentra ubicada en una zona urbana y su objetivo principal es atender a la comunidad local.

La cobertura de mercado de esta librería podría enfocarse en un amplio público objetivo, incluyendo niños, adolescentes, adultos y personas mayores. Para cada grupo demográfico podría ofrecer una variedad de libros y productos específicos que se ajusten a sus necesidades e intereses, además de una amplia gama de géneros literarios y temas, incluyendo ficción, no ficción, literatura clásica, literatura contemporánea, libros de referencia, libros infantiles, libros de cocina, libros de autoayuda, entre otros.

Para atraer a la comunidad, la librería podría organizar eventos y actividades, incluyendo presentaciones de autores locales o reconocidos, clubes de lectura, talleres de escritura, actividades para niños, firmas de libros, entre otros.

Al ofrecer una variedad de actividades, la librería se convertiría en un lugar de encuentro para los amantes de la lectura y fomentaría la participación activa de la comunidad.

También podría ofrecer servicios adicionales para aumentar su cobertura de mercado, por ejemplo: servicios de impresión y encuadernación, alquiler de libros, venta de productos relacionados con la lectura (separadores o también llamados marcapáginas, cuadernos, lápices), venta de tarjetas de regalo y asesoramiento personalizado para ayudar a los clientes a encontrar los libros que buscan.

La librería debería utilizar estrategias de promoción y marketing efectivas para llegar a su público objetivo. Esto podría incluir publicidad local en periódicos, radio o televisión; presencia activa en redes sociales, creación de un sitio web donde se muestren los productos y eventos, colaboraciones con otras empresas locales y participación en ferias del libro o eventos comunitarios.

> 66
> **Cuando he brindado cursos a mis colegas libreros me enfoco en sugerirles que no ocupen la mayor parte de su tiempo únicamente en administrar el negocio, sino que se den el tiempo necesario para conocer a sus lectores, que comprendan las preferencias, necesidades y gustos de sus clientes potenciales.**
> 99

Al implementar estas estrategias, la librería establecería una sólida cobertura de mercado en su área local, atrayendo a una amplia gama de clientes y convirtiéndose en un punto de referencia para la comunidad lectora.

Las librerías *per se* son los mejores lugares del mundo para crear comunidades y desde luego también son susceptibles de contemplarlas en la estrategia de cobertura de mercado. Corresponde, por supuesto, analizar la forma en la que el canal se administra.

Este rubro es quizá uno de los más complejos para elegir un canal de distribución, puesto que se trata no solo de gestionar los inventarios, sino también las cuentas por pagar y cobrar, así como las promociones que se realizan dentro del canal, la selección de títulos, la forma en la que exhibe los libros, entre otras.

Cuando he brindado cursos a mis colegas libreros me enfoco en sugerirles que no ocupen la mayor parte de su tiempo únicamente en administrar el negocio, sino que se den el tiempo necesario para conocer a sus lectores, que comprendan las preferencias, necesidades y gustos de sus clientes potenciales.

¿Quiénes son? ¿Cómo se llaman? ¿Cuáles son sus géneros literarios preferidos? Eso les ayudará a tomar decisiones informadas sobre la selección de libros y otros productos que ofrezcan.

En ese sentido, la gestión eficiente del inventario es esencial en una librería. No se trata solo de tener una selección correcta de títulos, sino de tener el inventario adecuado en todo momento. Habrá de revisarse que se utilicen etiquetas, categorías o sistemas de clasificación claros para facilitar la búsqueda y compra de libros de los lectores.

Otra de las grandes decisiones que hay que tomar se refiere a las condiciones comerciales que se requerirán, además de los convenios de comercialización. Dado que esta es la clave de la operación del canal, es muy relevante que antes de cerrar un convenio se haga un estudio a profundidad sobre las fortalezas y debilidades de cada canal: usos y costumbres del lugar, lugares donde exhiben los libros y mantienen las existencias, características de su personal, limpieza de sus instalaciones, etcétera.

Se habrá de identificar cuál es la atmósfera de la librería porque será crucial para atraer y retener a los clientes. Sería ideal que posea un entorno cálido y acogedor con estanterías bien organizadas, una iluminación adecuada y áreas de descanso cómodas donde los clientes puedan relajarse y leer antes de tomar una decisión de compra.

En el caso de los canales como Amazon o Mercado Libre, se habrá de cuidar el descuento que solicitarán para ofrecer los productos en la plataforma, las comisiones por acciones promocionales y en experiencia del usuario (UX, *user experience*) o el dinero que pedirán para invertir en publicidad para hacer visible la mayor cantidad de títulos.

Por otro lado, las librerías tradicionales intentan diferenciarse de las tiendas en línea al ofrecer servicios adicionales a la venta de libros: clubes de lectura, eventos con autores locales, talleres literarios, asesoramiento personalizado para ayudar a los clientes a encontrar libros específicos y servicios de pedido especial. Estos fomentan la participación de la comunidad y crean una experiencia única.

Hay que observar qué tipo de servicio ofrecen las librerías con las que se distribuirán los libros: si fomentan un trato amable y servicial hacia sus clientes, si tienen personal capacitado y amante de los libros que pueda proporcionar recomendaciones y ayudar a los clientes a encontrar lo que están buscando o si resuelven cualquier problema o queja de manera rápida y eficiente para mantener la satisfacción del cliente.

En la medida en que se conozcan todos los servicios que un canal ofrece a sus consumidores será más eficiente la estrategia para impactarlos. Por ejemplo, si la librería cuenta con servicio de café o restaurante, probablemente se pueda implementar una acción de promoción a través de las manteletas que se ponen en el servicio. O si tiene un programa de lealtad, podría interesar saber cómo sumar a dicho programa para estar presente en la mente del consumidor.

Por el contrario, cuando un canal de distribución brinda un mal servicio al cliente afecta la reputación de nuestra marca, ya sea entendida como "el autor" o como "el sello editorial".

También es importante echar un vistazo a lo que se conoce como "la rigidez del canal". Se trata de las barreras que lo limitan, tanto en su operación como en su atención al consumidor. Existen librerías que, por ejemplo, no pueden resurtir sus inventarios de otras tiendas: si un lector requiere un libro que vio en la sucursal del centro de la ciudad y lo quiere comprar en una sucursal del sur, pero no hay, la librería no manda el inventario que tiene del centro al sur, sino que hace un pedido a la editorial. Esto en el caso de que el canal de distribución cuente con muchas sucursales.

Si no tiene la capacidad de hacer intercambio de inventario puede resultar bastante perjudicial, pues a la larga dichos pedidos podrían traducirse en una gran devolución, la cual generará mayores costos para la editorial y por consiguiente una pérdida interesante del margen de utilidad.

Recomiendo valorar, además, la imagen corporativa del canal, su posicionamiento en el mercado y considerar los posibles conflictos que podrían presentarse; entender sus fragilidades, sus riesgos y la posibilidad de llegar a acuerdos.

No hay que dejar de observar la capacidad y las políticas que tenga el intermediario para la exhibición de libros. Por ejemplo, su rotación del producto en mesas y anaqueles. Cada metro cuadrado debe ser rentable.

E insisto: habrán de tomarse muy en cuenta las políticas de devoluciones, las cuales se trabajan en dos ejes: las de producto a los clientes (lectores y compradores de libros) y a los proveedores (las editoriales).

En el primer eje todos los canales de venta deben contar con una política de devoluciones eficiente que contemple las normas y el protocolo a seguir cuando un lector quiere devolver su libro, por la razón que sea. En el mercado actual los consumidores están cada vez más acostumbrados a que las devoluciones y los cambios de producto, así como los reembolsos, se hagan con total rapidez y transparencia. Lo cierto es que en muchas ocasiones este proceso es tan engorroso que el lector termina por rendirse y decepcionarse. Y, al final, si el canal no cuenta con una política y un proceso claros de devolución, podría afectar también a la reputación de la marca editorial.

En el segundo eje habría que establecer un plazo razonable para que los clientes puedan devolver un producto. En la mayoría de las veces este plazo va en concordancia con el plazo de vencimiento de la factura, que suele establecerse a 90 días. El periodo de vencimiento de la factura debe ser lo suficientemente amplio como para que los clientes mantengan el producto exhibido; además, se habrán de especificar las condiciones en las que se aceptarán las devoluciones.

Por lo general, para que aplique la devolución se espera que los productos estén en condiciones originales, sin daños, marcas ni señales de uso. Hay que asegurarse de que los clientes comprendan que los productos devueltos deben estar en estado vendible y que cualquier daño o uso excesivo puede afectar la elegibilidad para la devolución.

Hay que identificar cualquier excepción a la política de devoluciones, como productos no retornables —que podrían ser aquellos que se han producido específicamente para ese canal— y asegurarse de comunicar con claridad estas excepciones a los clientes para evitar confusiones o huecos que pueden ocasionar fricciones innecesarias.

Por lo tanto, es muy importante establecer un proceso claro y sencillo para las devoluciones, proporcionar instrucciones detalladas sobre cómo los clientes pueden iniciarla, qué información deben brindar y a quién deben comunicarse. También puede ser útil contar con un formulario o un sistema en línea que agilice el proceso.

Finalmente, hay que capacitar al personal para manejar las devoluciones de manera cortés y eficiente, fomentar una actitud de servicio al cliente y asegurarse de que el equipo esté preparado para brindar asistencia para resolver cualquier problema relacionado.

Parecería una obviedad, pero también es clave analizar la solidez financiera del posible cliente. La salud financiera de la editorial necesita que los clientes paguen y se apeguen a los convenios comerciales establecidos toda vez que, con un modelo libre de devolución, los riesgos financieros son absorbidos por los editores y no por los canales de distribución.

En este sentido conviene desarrollar una política de crédito y pagos con el objetivo de garantizar la sana relación entre la editorial y su intermediario.

Recuerdo la vez que un cliente dejó en garantía de pago un bien inmueble. Cuando su pagaré no pudo ser liquidado, la editorial tomó posesión de ese bien. La pregunta es si esa editorial debió aceptar bienes inmuebles como garantía de pago.

La cobertura del canal —sea local, regional o internacional— también es un elemento esencial a considerar. Se deben examinar las zonas geográficas que tiene cada canal de distribución con el fin de planear, de la mejor forma, la distribución de los contenidos.

Una vez considerados estos aspectos es momento de firmar un acuerdo de comercialización. De cualquier modo se tiene que considerar la posibilidad de contar con un plan de sustitución para no tener dependencia de uno solo o de pocos canales. "No pongas todos los huevos en una sola canasta", dice el proverbio, que se utiliza para transmitir un consejo de precaución especialmente en los negocios o las inversiones.

Devolución (o un negocio de alto riesgo)

El negocio del libro suele ser de alto riesgo para los editores por el tiempo tan largo de su ciclo económico: en el primer mes el editor inicia su inversión y apenas hacia el decimocuarto comenzará a ver un poco del dinero que invirtió y probablemente 17 meses después podrá saber si recuperó su inversión y ganó dinero o lo perdió. Muchos inversionistas preferirían invertir su dinero en cualquier otro negocio que garantice el retorno de inversión máximo en 12 meses.

Es por esta razón que los editores suelen ser muy cuidadosos a la hora de negociar las condiciones comerciales en las que venderán sus contenidos.

El siguiente cuadro ilustra un modelo básico de ingresos y egresos con las variables de plazo de pago de cada etapa y de recuperación de acuerdo con las condiciones comerciales:

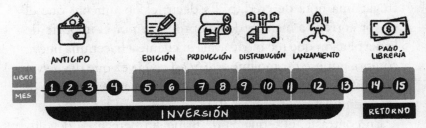

DE CADA 10 LIBROS (MANUFACTURADOS) QUE SALEN DE LOS ALMACENES
SE VENDEN EN PROMEDIO 6
LÍNEA DE TIEMPO DE INVERSIÓN DE UN LIBRO

Antes de describir a fondo los modelos comerciales vale la pena identificar los documentos oficiales que, como parte de esta dinámica, expide un editor a un distribuidor. En primer lugar resulta esencial comprender la diferencia entre una factura y una remisión. La *factura* es el documento fiscal que detalla el concepto, la cantidad y el importe de los libros vendidos, así como los descuentos y demás gastos que origine la venta de estos y el plazo en el que debe hacerse el pago. La *remisión*, a su vez, constituye el documento no fiscal en el cual se detallan las cantidades e importes de los libros entregados en consignación, así como los descuentos y otros gastos que origine su venta.

La industria editorial de interés general maneja diversos modelos de venta. El primero, el denominado *firme con derecho a devolución*, corresponde a una venta entregada con una factura, la cual permite al cliente hacer devoluciones totales o parciales de los libros. Al terminar el plazo de vencimiento de la factura el canal va a pagar o va a devolver (a veces ocurren las dos cosas).

> ❝
> **El negocio del libro suele ser de alto riesgo para los editores por el tiempo tan largo de su ciclo económico.**
> ❞

En el caso de este tipo de condición de venta, por cada devolución que el cliente genere el editor está obligado a entregar una nota de crédito. Es decir: el documento que el editor entrega a manera de comprobante por el importe de la devolución que recibió le avala al cliente a hacer una nueva compra por ese mismo importe, y así cada vez que devuelve. De ahí que en una editorial haya mucho más personal en el área administrativa que en el de edición.

En contraste, el esquema de firme sin derecho a devolución corresponde a una venta entregada con una factura, pero el cliente no puede devolver el producto. Por lo que, al vencimiento de la factura, deberá pagarla en su totalidad. Claramente este es el modelo más rentable para la compañía editorial, primero porque recibirá el pago de la totalidad de la factura y segundo porque no tendrá gastos asociados con la devolución como los de transporte y almacenaje.

El bien conocido modelo de consignación habla de una venta en depósito en la cual se envía inventario al cliente y este paga las mercancías a medida que se venden. Un proceso que se llama *liquidación de consignación*. El inventario entregado va amparado por una remisión, facturando lo vendido de acuerdo con los términos negociados.

Por su parte, la consignación con reposición también consiste en una venta en depósito, con la variante de que los productos se repondrán gradualmente al cliente conforme se vendan. Para ello, el cliente necesita contar con un sistema informático confiable para reportar sus ventas a detalle.

Según sea el acuerdo entre las partes, las ventas podrán comunicarse en un periodo específico y se canjearán mediante una factura acompañada del producto en reposición. Esta acción implica analizar la rotación del producto para evitar ruptura de stock o sobreinventario.

En este modelo el punto neurálgico se encuentra en la administración de inventario, pues aunque este está en manos de un tercero (inventario en consigna), el inventario sigue siendo del editor. Así que habrá que realizar un inventario exhaustivo para cada cliente al menos cada semestre para llevar un perfecto control de su producto en depósito. De lo contrario, este sistema de venta podría acarrear un fuerte problema financiero.

Cuando hablamos de *consignación sin reposición* significa que se realiza la venta en depósito, pero no se repondrá el producto vendido. De este modo, el cliente podrá realizar la devolución y se facturará la diferencia entre el número de ejemplares enviados comparado con el número de ejemplares devueltos.

Dicha diferencia representa las ventas realizadas. Esta operación, por lo general, se utiliza para cubrir eventos que duran un periodo corto —desde un día hasta una semana.

El factor de la devolución se ha convertido en un aspecto crítico en lo que a comercialización y retorno de inversión se refiere. A diferencia de otros mercados en los que la devolución aplica únicamente cuando el producto presenta defectos de fabricación —por una disposición de la institución que regula los derechos del consumidor—, para la industria editorial constituye una condición *sine qua non* de venta. Es decir, independientemente de las condiciones de venta con las que el librero o distribuidor adquiera los productos, casi siempre pagará a la editorial solo los productos que logró vender y devolverá el remanente del producto facturado.

La devolución es una de las variables que, de no controlarse, atraerá fuertes pérdidas económicas para cualquier editor. Lo anterior, en términos de costos, afecta sensiblemente el margen de utilidad esperado del libro en tanto que la editorial debe contar con una serie de medidas que ayuden a controlar las devoluciones recibidas, además de remozar libros para que estos vuelvan a tener las condiciones de calidad idóneas para ser reclasificados en la tarima que les corresponde y volver a ser sujetos de comercialización.

De entre los factores más relevantes para reducir el número de devoluciones sin duda está el acertar en la decisión del tiro de salida de un libro. Otro puede ser poner el libro a la venta en el lugar adecuado según la audiencia a la que va dirigido. El precio será otro factor determinante y la promoción elegida para hacer saber de su existencia.

Así pues, la devolución y una correcta estrategia de marketing serán inseparables.

Convenios de comercialización con los canales de venta

Con miras a establecer una relación "ganar-ganar" con el canal de distribución, sugiero que siempre se generen acuerdos o convenios comerciales personalizados —y por escrito— con cada uno de los canales que se elijan.

Dichos convenios han de estipular los derechos y las obligaciones entre las partes, como los plazos de pago, el tiempo en que los libros estarán exhibidos en las mesas de novedades o en los anaqueles, acuerdos publicitarios, entrega y recibo de mercancía, entre otros puntos.

En el acuerdo o convenio de distribución no hay que olvidarse de establecer claramente los puntos referidos a la administración y a la promoción. Algunos aspectos administrativos a considerar pueden ser: descuentos comerciales —los cuales también pueden fijarse por volumen; por ejemplo, si el cliente compra 10% más anualmente podrá incrementar su porcentaje de descuento o también podría establecerse un incremento o decremento de descuento si el cliente no logra los objetivos acordados—, las condiciones del crédito que se le van a otorgar, las devoluciones y su gestión, las entregas de producto —por ejemplo, si el cliente quiere los libros etiquetados o deben ser embalados con características específicas—, la frecuencia de las entregas y las tomas de inventario —en caso de que el cliente trabaje bajo el modelo de consignación.

En cuanto a los factores de promoción, se deben establecer las aportaciones por conceptos de publicidad, relaciones públicas, promoción de ventas —como el material PLV, para la venta—, las cuotas de inversión por la exhibición destacada del producto o cuotas de capacitación y promotoría.

En algunos convenios también se establece la territorialidad en la que pueden comercializarse los productos, o si existen exclusividades —por ejemplo en formatos o tipo de ediciones.

Uno de los factores de mayor interés en el acuerdo de comercialización será la asignación del descuento al canal. Ese descuento es de suma importancia, pues se trata del costo que representa tener los libros distribuidos por dicho canal.

En muchas ocasiones, por la inercia misma del día a día, tendemos a otorgar descuentos que pueden iniciar en el 30 y que después vamos aumentando de cinco en cinco puntos.

Esto es un grave error. Mi recomendación es que si se quiere incrementar un descuento, hay que ir con mucho tiento: de medio punto en medio punto, o de punto en punto, porque cada punto porcentual de descuento que se le entregue a un canal de distribución será proporcional al ingreso que se dejará de percibir.

Así pues, el descuento de salida es una de las decisiones más importantes y de mayor impacto en el estado de resultados de una compañía, porque ayuda a mantener los márgenes de utilidad que se han propuesto alcanzar.

Cual sea el descuento que se decida aceptar o proponer, sugiero que sea en función de la fuerza del canal y de su cobertura, así como de su capacidad financiera.

Con base en los objetivos que se han planteado para la distribución, hay que establecer rangos de descuentos y desarrollar los criterios para brindarlos. Esto para que el descuento sea lo más objetivo posible, pues eso hará que las decisiones sean más congruentes.

Por ejemplo, un cliente que al año desplazará entre 10 mil y 50 mil unidades probablemente comenzará con un descuento de 30%; para aquellos que desplazarán entre 50 mil 001 y 100 mil unidades podría ofrecerse un 31%. Y así sucesivamente.

Adicionalmente a los descuentos, algunos canales de distribución han ideado nuevas formas de ganar dinero y pedirán lo que ellos llaman incentivos o compensaciones extraordinarias.

Los incentivos más comunes pueden incluir pautas publicitarias para medios de comunicación, publicidad en espacios asignados dentro de los canales de distribución, cuotas por exhibición o regalos por implementación de campañas y por campañas corporativas, como la celebración de aniversario del canal.

Los incentivos serán todos aquellos cargos que los canales de distribución realizan a los editores por conceptos promocionales, los cuales pueden ir desde el cobro de un importe por el envío de un newsletter, una plana publicitaria en su catálogo de venta, hasta las cuotas de participación en exposiciones, campañas corporativas —como su celebración de aniversario—, por mencionar algunos.

El incentivo es un descuento encubierto, pues una vez se contabilizan todas las aportaciones anuales al canal, será posible percatarse de todo el dinero que no entró a nuestra caja por gastos promocionales que los canales envían en facturas o notas de crédito.

No quiero decir con esto que las prácticas de incentivos sean malas; mi intención es explicar que antes de aceptar un acuerdo por incentivos se analice el ROI. Si participar en una acción de estas trae consigo una mayor venta, todo estará bien, pero si ha sido al revés, vale la pena cuestionar la participación en este tipo de iniciativas.

Y es que, en mi experiencia, me he encontrado con un sinfín de situaciones donde los distribuidores abusan de su posición y quieren cargar costos por publicidad, almacenaje o logística. Al hacer un simple ejercicio de márgenes financieros, si un libro cuesta 20 dólares los distribuidores se quedarán hasta con un 50% de ese importe, mientras que autor y editor se repartirán el otro 50%. Ese margen debería ser suficiente para que el distribuidor se haga responsable de los costos asociados a su operación.

El siguiente cuadro da muestra del ejercicio:

Descripción	Valor	%Participación	Residual
Precio de venta del libro	$20.00	100%	100%
Lo que gana el autor	$2.00	10%	90%
Lo que cuesta producir el libro	$2.00	10%	80%
Lo que pide el distribuidor	$10.00	50%	30%
Los gastos de distribución	$1.20	6%	24%
Los gastos de marketing	$0.80	4%	20%
Los gastos de almacenaje	$0.60	3%	17%
Los gastos de operación editorial	$2.00	10%	7%
Lo que gana la editorial por publicar un libro			7%

Por lo que, dependiendo del éxito de un libro, el editor obtendrá de utilidad antes de impuestos entre un 7 y un 10% del PVP del libro (suponiendo que vendiera todo lo que imprimió). En esta ecuación son los canales de distribución los que obtienen un mayor margen de ganancia. Es posible ver con claridad qué entidad es la que tiene el riesgo financiero más alto. Por otro lado, el canal de distribución, al ser una empresa en sí misma, hace con su margen los pagos e inversiones que sean necesarios para seguir adelante con su operación.

Pagar la deuda a tiempo

Los plazos de pago en una editorial son otro de los factores relevantes que, sin lugar a dudas, deben considerarse, pues no solo afectan al ciclo económico de la empresa, sino que también condicionan el tiempo en que los libros estarán exhibidos en los anaqueles o en las mesas de novedades.

Usualmente se establecen de los 60 a los 90 días. Eso significa que, una vez terminado dicho periodo, el cliente puede o bien devolver aquello que no vendió o pagar la factura. Algunos clientes pueden apalancarse de las notas de crédito para no liquidar sus facturas; de ahí la importancia de contar con un ejecutivo de cuenta que vele por la transparencia de la operación entre el editor y el canal.

Puede suceder que el editor solicite al distribuidor que las primeras compras las haga de contado, es decir, que se liquide la factura al momento de entrega del pedido. Esta medida ayuda mucho para conocer la liquidez del canal y sus hábitos de pago. Las ventas de contado suelen negociarse ya sea por un periodo determinado o por un monto acordado. Lo que pase primero.

Una vez que pase el plazo de tiempo o importe que el editor brindó al cliente para hacer pedidos de contado el editor podrá tomar uno de estos dos caminos: el primero, establecer una línea de crédito máxima con base en la investigación crediticia o, el segundo, fijar un plazo de pago para cada factura emitida. Ambas posibilidades se establecen en el convenio de comercialización que el ejecutivo de venta entregue al cliente.

Una modalidad de crédito que utilizan muchas editoriales es el *crédito revolvente*, el cual funciona como una tarjeta bancaria. El editor pone en la mesa una línea de crédito permanente para realizar compras y se utiliza de forma repetida. Se renueva conforme se paga. Un crédito revolvente puede o no estar sujeto a una fecha específica de vencimiento y, por lo general, no tiene asociada una cuota mensual a devolver.

En los últimos años los editores han logrado trasladar a los distribuidores esta modalidad del crédito que, de alguna manera, facilita la gestión de la cuenta sin la necesidad de generar notas de crédito constantes. A diferencia de un préstamo tradicional, en una cuenta revolvente los usuarios pueden usar y reembolsar el dinero repetidamente, siempre y cuando se mantengan dentro del límite de crédito establecido.

Tomemos en cuenta que la métrica más importante de cualquier negocio es el dinero en efectivo disponible que se tiene en las cuentas bancarias, pues es la forma en la que un editor podrá asegurar cubrir las inversiones que deba realizar, así como también pagar deudas y los gastos operativos, y sin lugar a duda poder contar con el capital necesario para mantenerse invirtiendo en lo más importante: la inversión en nuevos contenidos.

Así, el llamado *flujo de caja operativo* medirá el efectivo que un negocio genera en un periodo determinado. Se trata de un indicador que dice cuál es la salud del negocio, pues muestra la liquidez, solvencia y rentabilidad de este. Esta es la razón principal por lo que es necesario analizar el historial crediticio de los clientes potenciales y, en los casos de aquellos que incurren en morosidad, buscar todas las alternativas posibles para que paguen.

Medir todo para aprender y mejorar

Una vez que esté en marcha la relación con los canales de distribución se habrán de utilizar algunos criterios para evaluar su rendimiento —siempre en comparación con lo que planificaste en un inicio—: mide las ventas alcanzadas contra las presupuestadas, trata de ir al fondo del asunto. Si puedes, analiza las categorías de mayor venta, los autores que se desplazan más, y cuestiona todo.

¿Por qué venden más?, ¿qué tipo de cobertura tuvo el cliente en cuanto a la exhibición de los libros como en el territorio que logró cubrir con ellos?, ¿cuáles son sus existencias?, ¿qué tan eficiente es en la gestión de su inventario?, ¿qué tipo de atención brinda a los lectores?, ¿cuál es la experiencia en ventas?, ¿tiene políticas claras de atención al cliente, de devoluciones, mantiene una buena reputación?, ¿cuáles son las perspectivas de crecimiento del canal?, ¿tienen pensado abrir más sucursales o canales online?, ¿cómo han sido los pagos y el vencimiento de cartera?, y también, ¿cuáles son sus procesos internos?

Los canales de distribución no son todos iguales; será muy difícil evaluar comparativamente una cadena departamental con una de librerías. Lo ideal es que se clasifiquen a los canales de distribución por tipología de clientes.

Así, un gran grupo son las librerías que pueden clasificarse como librerías independientes (pequeñas librerías de barrio) y cadenas de librerías (aquellas que tienen dos o más sucursales); otro engloba a las tiendas departamentales, uno más recopila a los autoservicios —que también pueden dividirse en autoservicio general y clubes de precio— y a los canales online —que a su vez pueden subclasificarse en *e-commerce* y *marketplace*— y otro serían los distribuidores.

Al analizar cada uno de los canales de distribución con los que se trabaja y buscar estandarizar los indicadores de desempeño (KPI) se pueden encontrar patrones que permiten mejorar y, sobre todo, aprender. Porque una métrica es solo un dato en bruto que seguro servirá para encontrar oportunidades o puntos débiles dentro de la organización, pero un indicador de desempeño será útil para medir la efectividad de un proceso o acción que se utilizará con el fin de monitorear y averiguar si se están cumpliendo los objetivos.

Vale la pena estandarizar las variables que medirán el rendimiento de los canales para que se pueda medir su efectividad de una forma más heterogénea y, por lo tanto, más justa.

> " Porque una métrica es solo un dato en bruto que seguro servirá para encontrar oportunidades o puntos débiles dentro de la organización, pero un indicador de desempeño será útil para medir la efectividad de un proceso o acción que se utilizará con el fin de monitorear y averiguar si se están cumpliendo los objetivos. "

7

NO HAY VIENTO FAVORABLE PARA QUIEN NO SABE A DÓNDE VA

Durante muchos años busqué una alianza entre el UNICEF y Debolsillo, la marca más diversa que tiene Penguin Random House. Su catálogo se nutre de todos aquellos títulos que fueron publicados en un formato que en el argot editorial llamamos *trade* —el cual mide 15 × 23 cm y que ha tenido mucho éxito en el mercado; cuando digo éxito no me refiero exclusivamente al éxito de venta, sino también aludo al prestigio—. Dado que aquel catálogo es extenso, es posible dirigir los esfuerzos promocionales a audiencias muy amplias.

El UNICEF trabaja con muchos filtros que ayudan a corroborar el compromiso real que tiene la compañía con acciones de responsabilidad social a favor de niñas y niños. Entre estos filtros se realiza una exhaustiva investigación sobre si existe cualquier tipo de explotación infantil en alguno de los procesos de la compañía, si hay o hubo algún caso de violencia infantil o privación de alguno de los derechos de la infancia. Además de ello, hay que presentar un programa de acciones dirigido a la niñez.

Propusimos un programa lector que incluía una serie de acciones a favor de la promoción de la lectura —pilar fundamental en la educación— en niños y jóvenes a través de la creación de clubes. También incluimos a los autores de la editorial como promotores de libros en favor de la infancia.

Bajo el eslogan "Cuando sea grande quiero leer tanto como tú", y en apoyo al programa "Todos los niños en la escuela", cerramos la alianza. Dicho programa tenía como objetivo el pago del monto administrativo que muchas familias de bajos recursos necesitaban para obtener un acta de nacimiento.[1]

Una vez que el contrato se firmó, iniciamos con toda la estrategia. Era necesario tener a toda la casa editorial alineada a los objetivos estratégicos de responsabilidad social, porque la estrategia pasaba por comunicar la alianza a través de los libros, que era la parte visible para el consumidor.

Antes buscamos que los vendedores comprendieran y se sumaran a la estrategia; que el almacén también estuviera al tanto para que nos apoyara con el surtido de los libros; que los departamentos de marketing y comunicación desarrollaran el plan de clubes de lectura, su implementación y la forma en la que se daría a conocer la alianza; que el equipo financiero tuviera listos los documentos y pagos necesarios y que el equipo legal nos asesorara y apoyara en los elementos contractuales y las líneas de comunicación.

Una vez que tuvimos todo listo, resultó imprescindible contar con la complicidad de los canales de distribución y venta con el fin de lograr buenas exhibiciones que nos brindaran notoriedad. Era importante, también, que comunicáramos el discurso completo a los autores para que voluntariamente participaran como promotores y embajadores de la estrategia.

Con el fin de dar a conocer la alianza al público en general, organizamos una conferencia de prensa en la que tanto los altos ejecutivos del UNICEF como de Penguin Random House estuvieron presentes. Acompañamos esta estrategia con un

---

[1] En México el acta de nacimiento es un documento obligatorio para inscribir a los niños a la educación básica y para obtenerlo era necesario pagar cerca de 20 dólares. Actualmente se obtiene en línea por menos de cinco dólares.

comunicado de prensa, un kit de prensa y un carrusel de entrevistas con diferentes ejecutivos que nos ayudaron a lograr un mayor alcance.

Para identificar la campaña mandamos a hacer un sticker con el eslogan y un separador que se insertó en todos los libros del catálogo Debolsillo, y para apoyar la exhibición en los puntos de venta mandamos a hacer un *box pallet*, cenefas, pósteres y acrílicos.

Como apoyo a la estrategia trabajamos a través del email marketing y banners para nuestros activos digitales y los de los clientes.

La alianza se mantuvo durante tres años, en los que aprendimos mucho sobre planeación y ejecución de estrategia. Para mantener el eje de comunicación con los lectores y socios fue muy importante crecer con la campaña y ajustarla para mantenerla fresca y evitar el aburrimiento.

En la primera fase nos enfocamos en apelar a la conciencia de los lectores acerca de la importancia de que los niños accedieran a la lectura. En la segunda fase involucramos a los autores más relevantes en su categoría: José Agustín, Ken Follett, Isabel Allende, Rius, Paulo Coelho y Alejandro Jodorowsky; todos ellos arrancarían su bolsillo (literalmente el bolsillo de una de sus prendas de vestir) en favor de la educación bajo el eslogan: "Es tiempo de apoyar a la educación".

Cada uno de los autores nos regaló una frase —ya fuera de sus libros o de nueva creación— que ilustraba su encuentro con los libros.

También invitamos a los lectores a arrancarse el bolsillo en favor de la educación con una estrategia BTL[2] en la Feria

---

[2] BTL es la abreviatura de *below the line*, término en inglés que significa "bajo la línea" y que a través de la creatividad de la acción busca sorprender para lograr un fuerte impacto en la mente del consumidor. Una acción BTL no utiliza los medios masivos de comunicación, por lo que el presupuesto que se invierte es mucho menor que una estrategia tradicional.

Internacional del Libro de Guadalajara. Por cada bolsillo recaudado se realizó una donación para el programa "Todos los niños en la escuela" de UNICEF.

Realizamos, además, un par de publicaciones. La primera fue un libro de cuentos donde se narraban los 54 derechos universales infantiles, y el otro se tituló *El niño que soy*, por el cual el UNICEF reconoció el trabajo de sus colaboradores con las mejores prácticas y la excelente investigación en torno a la infancia.

Así fue como iniciamos la prueba piloto de los clubes de lectura en 30 escuelas preparatorias públicas, donde cada uno de los alumnos escogió su ejemplar para evitar imposiciones y estructuras rígidas que fueran contraproducentes. Finalmente, editamos, publicamos, lanzamos y distribuimos la síntesis del Sitan (Children Situation Analysis, por sus siglas en inglés).

Las ventas de la marca Debolsillo crecieron a razón de dos dígitos durante el periodo de esta alianza. A la fecha, Debolsillo es la marca de la que he procurado que su eje de comunicación en México se base en la responsabilidad social, ha liderado un compromiso claro encaminado a comunicar los valores de diversidad e inclusión, en concordancia con su catálogo y sus lectores, y hoy por hoy, también es el sello que abandera el compromiso que la compañía tiene con el cambio climático y el medio ambiente.

Darle la vuelta a la estrategia

Durante muchos años intenté que una de nuestras marcas se enfocara en la responsabilidad social. Siguiendo este camino, mi equipo trabajó para darle un giro al sentido de Debolsillo haciendo no solamente que trabajara en dicho aspecto, sino que también la pudiera posicionar de mejor manera.

> **Dos errores comunes que cometemos los mercadólogos es pensar que nosotros somos el target y enamorarnos de nuestra idea —y no de la solución al problema.**

Esa posición que durante un par de años intentamos construir se centró en la diversidad y la inclusión. En dos años trabajamos con valores de equidad de género, de cero tolerancia a la violencia, de promover el lenguaje inclusivo en nuestras campañas… Sin embargo, los resultados que obtuvimos no coincidieron con nuestro esfuerzo.

No generamos conversaciones en redes sociales y nuestra comunidad no hizo eco de la postura… El impacto en ventas fue mínimo. Había que darle la vuelta a la estrategia y renunciar a una idea de la que nos habíamos enamorado, y aquí vale la pena enunciar lo que escuché en una clase de innovación sobre la importancia de que no te enamores de tu idea porque ese enamoramiento no te permitirá analizar el problema con la mayor objetividad necesaria para resolverlo. Por otro lado, es muy difícil renunciar a las cosas, a las ideas, y en ocasiones es doloroso, por ello es necesario dar un paso atrás y replantearse el objetivo estratégico: la marca, en ese caso, necesitaba incrementar su participación de mercado.

Entonces, dos errores comunes que cometemos los mercadólogos es pensar que nosotros somos el target y enamorarnos de nuestra idea —y no de la solución al problema.

Fue así que le propuse a mi equipo darle un giro a nuestra posición y trabajamos bajo el eje del medio ambiente y la sustentabilidad. Para entonces ya habíamos quitado el plástico de doble uso a todas nuestras publicaciones, trabajábamos con bosques sustentables y estábamos midiendo la huella de carbono que dejábamos en el planeta, entre muchas otras acciones que aún impactan positivamente al medio ambiente.

Nuestro anterior CEO, Markus Dohle, decía que "las buenas intenciones no eran suficientes y que los compromisos debían llevarse a acciones".

De tal modo que la ejecución de la campaña se llevó a cabo en tres ejes principales: los lectores, los canales de distribución y los empleados de la compañía.

A los lectores los abordamos con la frase principal de la campaña: "Al mundo le quedan pocas páginas". Luego les dimos ejemplos de títulos que no se hubieran podido publicar, como *El infinito en un junco*, de Irene Vallejo: "Nos acabamos el agua. No pudimos regar los juncos. No pudimos hacer papiros. Fin". O con *Moby Dick*, de Herman Melville: "Ahab sale por una ballena. El océano está seco. No hay ballena. Fin".

Además de estos mensajes para convencer a los lectores de la importancia del medio ambiente los invitamos a que llevaran —a los puntos de venta seleccionados— los libros que quisieran reciclar para darles una nueva historia. Por cada tonelada de papel reciclado se salvarían 15 árboles, se ahorrarían 50 mil litros de agua y 140 litros de petróleo, evitando así generar 4 kilogramos de dióxido de carbono. El total de los libros reciclados se convertiría en nuevo papel que sería donado a instituciones educativas.

Aquí fue donde la complicidad con los canales de distribución jugó un rol muy importante, pues fueron los receptores de los libros. Para asegurar el tráfico en dichos canales, y en congruencia con la campaña, todos los materiales promocionales que se ocuparon fueron producidos con materiales biodegradables y, finalmente, de cara a los empleados, el reto consistió en ir a plantar una hectárea con 700 árboles.

Así fue como la estrategia se alineó con toda la organización para trabajar en función de sus valores corporativos permeados a sus productos. A diferencia de, por ejemplo, las marcas refresqueras que durante los 365 días del año trabajan en función de un mismo producto y tienen los presupuestos para comunicar en todos los medios posibles sus eslóganes, sus valores e identidad de marca, en los libros no funcionamos así, no trabajamos con un solo producto sino con cientos de ellos en un año y tampoco tenemos los presupuestos para dar continuidad a un eslogan durante tanto tiempo, pero cuando las marcas y las ideas son bien aceptadas por el público, es necesario que demos continuidad a las mismas para lograr a través del tiempo el posicionamiento de una marca. Al final, el objetivo es posicionar una marca para que esté siempre presente en la mente del consumidor y realice una acción con esta, pero la diferencia radica en el tiempo y en el dinero invertido para lograr ese posicionamiento.

No hay viento favorable para el que no sabe a dónde va

Esta frase de Séneca me sirve para reforzar la idea de trabajar con una marca de manera sostenida basándose en su visión, misión, propósito y valores para construir una estrategia. Si no se sabe a dónde ir, será muy difícil que pueda prosperar.

Lo complejo de definir los caminos de la promoción en un producto como el libro tiene que ver con que todos están hechos de papel y tinta, pero existen tantas historias en ellos como personas en el planeta; es decir, no se puede construir la misma estrategia de promoción para todos. Los contenidos son diversos y sus creadores importan —y mucho—, así que también actúan como protagonistas en la estrategia siendo inseparables.

Esa complejidad se incrementa cuando trabajamos con el nombre de una empresa que, en muchos casos, también le da el nombre a un sello editorial. Por lo tanto, la marca corporativa posee una identidad propia que se forma a través de los productos que desarrolla y pone a disposición del mercado y, por lo tanto, sus productos deben ser congruentes, pues son parte de un todo. La estrategia de marketing integral ayuda a establecer a la marca editorial y a impulsar las ventas y el conocimiento de su catálogo.

Así pues, la mezcla promocional se encargará de generar ventaja competitiva, tanto de la editorial *per se* como de los contenidos que publica. Habrá entonces que planificar una comunicación corporativa que seleccionará los momentos para comunicar y en cuáles otros se mantendrá en silencio.

Así pues, luego de abarcar el análisis concienzudo del producto, el precio y la plaza, es momento de poner en marcha las herramientas de aterrizaje de la estrategia de *promoción*, la cuarta pe del marketing.

Impulsada por la evolución del mercado, la promoción ha trascendido a los conceptos de *comunicación* y, más recientemente, de *evangelización*. Engloba el conjunto de acciones que se combinarán para comunicar al consumidor la propuesta de valor del producto o servicio.

Son cuatro las actividades o técnicas de la promoción: *venta personal*, *promoción de ventas*, *publicidad* y *relaciones públicas*. A partir de ahora las llamaremos las cuatro pes de la promoción y a la acción de combinarlas o mezclarlas en función de los objetivos la llamaremos *mezcla promocional*. Esta buscará destacar, de forma efectiva, la ventaja competitiva del producto o servicio con el fin de alcanzar su posicionamiento.

Y ¿qué es la ventaja competitiva? Pensémoslo como un superpoder que diferencia al producto de los demás y lo hace destacar en el mercado. Puede ser la calidad del catálogo, el servicio, la forma en la que se hacen negocios, la manera y el tiempo en los que se distribuyen los productos o cualquier otra cosa que haga que la gente prefiera nuestra editorial antes que a cualquier otra.

En un mundo saturado de productos y servicios (la industria editorial no es la excepción: cada mes se lanzan cientos de nuevos libros que se exhibirán en las mesas de novedades o aparecerán publicados en los portales de comercio electrónico y redes sociales), nunca antes fue tan necesario comunicar, diferenciarse y posicionarse en el mercado mediante dicha ventaja.

Informar, persuadir, recordar

La responsabilidad que tiene la promoción en los negocios tiene que ver, en términos generales, con el *qué* se va a comunicar a tu público objetivo. La estrategia de promoción es el *cómo* se va a conectar con ese público.

Para alcanzar los objetivos planteados en dicha estrategia se necesitará no solo diseñar un plan, sino que el diseño de este consista en desarrollar una mezcla idónea que luego permita evaluar los resultados, además de conformar un equipo de personas apasionadas y expertas en cada uno de los temas o tácticas de la promoción.

La habilidad de responder acertadamente para conquistar a tan distintos lectores, entonces, se vuelve muy ardua.

Los mensajes de la promoción se usan para comunicar la propuesta de valor o para informar sobre un nuevo libro o para convencer al público objetivo de por qué es mejor comprar nuestro libro que el de la competencia. El objetivo de la promoción siempre será influir en la opinión o generar una venta.

La comunicación se utiliza en todo el mundo como una herramienta de influencia y de información. Los esfuerzos promocionales de las empresas se llevan a cabo para afectar la conciencia, apelar a los sentimientos o cambiar las creencias de los consumidores.

Los fines básicos de la estrategia de promoción son informar, persuadir y recordar. Deberá informarse cuando se acerca un nuevo lanzamiento, la nueva edición de un título, una nueva colección o una promoción de libros para incrementar la demanda a corto plazo. Se habrá de buscar persuadir para que el consumidor prefiera tu producto antes que cualquier otro.

En resumidas cuentas, se calificará como exitoso el trabajo del mercadólogo editorial cuando el título, autor o sello editorial que está promoviendo se recomiende. Cuando logre el boca a oreja, sabrá que ha hecho un buen trabajo.

En el camino, sin embargo, se encontrará con colegas que le piden no promover aquellos títulos que ya se venden porque "se venden solos". Aceptarlo sería un gran error, porque aunque el título o el autor ya tengan una posición sólida en el mercado, es importante mantenerla y asegurarse de que siga siendo relevante para los consumidores, recordemos además que un libro siempre será nuevo para un lector que no lo ha leído.

Al promover de manera constante se puede ayudar a mantener —e incluso aumentar— el interés por una obra y, por lo tanto, su cuota de mercado. Porque al tener una presencia constante se refuerza la conexión emocional de los lectores con la marca, brindándoles confianza para seguir eligiendo nuestros productos.

Aunque un título sea ya reconocido siempre existe la oportunidad de ampliar sus lectores. Por el contrario, no recomiendo que se promueva un título que no ha funcionado. Si no funcionó, seguir esforzándose e invirtiendo recursos en ello solo generará frustraciones y pérdidas económicas. No hay peor dinero invertido que insistir en promocionar un libro que no ha sido aceptado por los consumidores, pues probablemente no se deba a que el contenido del libro sea malo o que la campaña de promoción o la distribución no fuera buena, quizá solo se trató de que el momento no era idóneo para el libro. Tenemos muchos más casos de los que podrían imaginarse donde los libros no vendieron "bien" en su primera edición, pero ha bastado descubrir el momento que se necesitaba para que comiencen a vender, las preguntas claves serían: ¿cómo podríamos crear ese momento? O ¿cómo estar atentos para descubrirlo y aprovecharlo?

> **No hay peor dinero invertido que insistir en promocionar un libro que no ha sido aceptado por los consumidores, pues probablemente no se deba a que el contenido del libro sea malo o que la campaña de promoción o la distribución no fuera buena, quizá solo se trató de que el momento no era idóneo para el libro.**

Las cuatro pes de la promoción

Volvamos a las cuatro herramientas que pueden ser utilizadas en la mezcla de promoción: la venta personal, la promoción de ventas, la publicidad y las relaciones públicas.

La venta personal, la primera pe, se enfoca en planificar las técnicas de venta que se utilizarán cuando los vendedores se comuniquen de forma directa con el consumidor final (cuando el negocio es B2C),[3] pero también se trata de planificar las técnicas de los vendedores que ofrecen los títulos a los compradores de las librerías o de las tiendas no especializadas en libros (cuando el negocio es B2B).[4]

---

[3] *Business to consumer*: cuando se vende directamente al consumidor; en español "del negocio al consumidor".

[4] *Business to business*: cuando se vende directamente a un distribuidor o intermediario; en español "de negocio a negocio".

Las técnicas de la venta personal se usan para influir sobre el consumidor y lograr ventas efectivas. Además buscan mantener buenas relaciones con los compradores de libros.

La promoción de ventas, la segunda pe, por su parte, tiene como finalidad complementar la publicidad y facilitar la venta personal. Busca estimular al consumidor para que compre los productos más rápidamente y pretende que las acciones de los distribuidores resulten lo más efectivas posible.

La tercera pe, la publicidad, busca persuadir en la decisión de compra del consumidor. Es la forma de comunicación utilizada en medios masivos y envía un mensaje impersonal al público objetivo. Tiene como característica principal un mensaje masivo que forzosamente debe contar con la firma de quien lo anuncia.

Y la cuarta, las relaciones públicas, tiene como principal activo mantener la imagen y buena reputación de la marca, logrando la aceptación y el reconocimiento favorable de cualquiera que fuera el público al que se haya expuesto.

Se trata, entonces, de que basados en la estrategia de la compañía se puedan mezclar las cuatro pes. Esta mezcla promocional consiste en la combinación de dos o más de dichas herramientas, enfocadas en una estrategia diseñada para alcanzar los objetivos de negocio y generar ventaja competitiva.

Las empresas que venden por catálogo (como Mary Kay, empresa internacional con casi cuatro millones de vendedoras en todo el mundo) basan su estrategia de promoción en la venta personal y en la promoción de ventas principalmente. Los vendedores de estas empresas utilizan el catálogo de productos como su principal herramienta de ventas. En este se muestran las bondades de los productos que ofrecen, luego es probable que utilicen un spot publicitario en televisión cerrada para dar a conocer uno de los productos estrella y, con ello, apoyar los mensajes de los vendedores para cerrar la venta de ese producto. Finalmente utilizarán las relaciones públicas organizando una fiesta para las vendedoras. En dicha fiesta participarán algunas celebridades o artistas de moda. Si tuvieran que renunciar a alguna herramienta de promoción, podrán renunciar a la pe de publicidad y a la pe de relaciones públicas, pero no a la de venta personal y promoción de ventas.

Así pues, la mezcla promocional y el plan promocional son dos cosas distintas, pero que están concatenadas. Recordemos que la pe de promoción es el qué y su mezcla responde a la estrategia, es decir, al cómo se va a combinar cada una de las herramientas promocionales, mientras que el plan responde a quién, en dónde y cuándo se van a ejecutar. Y la conjunción de todo hace que el plan de marketing sea integral.

Un esfuerzo sostenido en el tiempo

Las tareas de construcción de marca, insisto, no pueden estar orientadas a realizar una sola acción y luego olvidarse. Debe ser una serie de acciones bien planificadas y sostenidas en el tiempo que construyan la reputación e imagen de la marca, promocionándola y fortaleciéndola al destacar sus valores, la calidad de sus publicaciones, la diversidad de géneros literarios que ofrece, su compromiso con la excelencia editorial y con la comunidad.

Mucho de este trabajo se basa en la pe de relaciones públicas, cuyo activo principal es la imagen y la reputación, y que se apoya de la pe de publicidad para reforzar los mensajes que se envían. Todos los empleados de la organización influyen de una u otra manera en el posicionamiento de la marca.

El equipo de marketing y comunicación se enfoca en la promoción de libros y autores utilizando diversas combinaciones para cada uno de los libros.

Como prefiera usar la combinación de las cuatro pes, el mercadólogo podrá usar tácticas como resaltar la trama del libro, basarse en el prestigio del autor o destacar las críticas positivas; procurará la creación de reseñas en blogs literarios, tiendas en línea o redes sociales, y promoverá el libro en clubes de lectura.

Si el mismo equipo de marketing y comunicación es responsable de la comunicación corporativa y de las acciones de promoción de libros sería importante identificar cuándo se debe trabajar con la marca corporativa para diferenciar las acciones pero a la vez lograr la congruencia necesaria en las marcas. Así, el departamento editorial trabajará en la contratación de contenidos que sean congruentes con el perfil de la empresa y que, en resumidas cuentas, sumen a la construcción de la marca, su imagen y reputación. Por su parte, el equipo comercial venderá los libros en los canales adecuados de acuerdo con los perfiles de los consumidores y brindará un servicio al cliente en congruencia con los valores de la empresa; el equipo de logística enviará los productos a los canales de venta en las cantidades solicitadas y respetando los acuerdos de empaque y embalaje y el equipo de recursos humanos trabajará para que los empleados estén satisfechos con el valor que su trabajo ofrece. Así es como cada área contribuye a generar ventaja competitiva y el posicionamiento de la editorial.

Se trata, simple y llanamente, de ser congruentes entre lo que se ofrece y lo que se es. Para ello habrá de definirse entonces cuáles serán las causas con las que la editorial deberá pronunciarse a favor —o en contra—: la inclusión y la diversidad, la libertad de expresión, la antipiratería... no solo para el posicionamiento, sino para tener clara la postura de la editorial ante temas que son relevantes para sí misma y para la comunidad. Y es por toda la complejidad que pudiera representar el posicionamiento de una marca que no puede ser gestionada por una sola persona, o un solo equipo, sino que todos los miembros de la empresa deben trabajar activamente para defenderla y conquistar su lugar en la mente de los consumidores, de los accionistas, de los autores, de las comunidades y de todos los públicos a los que estará expuesta durante su vida.

> **Cada editorial —y sus sellos— posee un ADN que la hace única y le brinda los alcances y límites de los contenidos que pueden publicarse para cada uno de ellos.**

Así, se habrá de elegir las herramientas que la mezcla promocional ofrece para lograr los objetivos estratégicos. Recordemos que cada editorial —y sus sellos— posee un ADN que la hace única y le brinda los alcances y límites de los contenidos que pueden publicarse para cada uno de ellos.

Cómo crear una mezcla promocional efectiva

Antes de empezar a combinar las técnicas que mejor encajen con los objetivos del marketing vale la pena tomar en cuenta que la pe de la promoción suele ser una de las más complejas, pues su ejecución tiene repercusión a largo plazo; el riesgo de cometer errores en el corto plazo podría arruinar la reputación de la marca.

Por lo tanto, para desarrollar una mezcla promocional efectiva, recomiendo seguir los siguientes pasos:

1. Descubrir la propuesta de valor del producto y enunciarla.

2. Conocer y analizar las características del *buyer persona*.
3. Mapear el customer journey.
4. Mapear el dilo (el día en la vida de tu consumidor).
5. Identificar cuál es la etapa del producto en su ciclo de vida.
6. Plantear los objetivos que persigue la estrategia general.
7. Definir los objetivos de cada pe de la mezcla promocional, alineados a los de la estrategia general.
8. Hacer números. Revisar la cantidad de dinero que se tiene disponible.
9. Priorizar las acciones a realizar con base en ese dinero, guiándose en cuál podría generar mayor impacto.
10. Definir cuáles serán las métricas y los KPI.

¿Cómo mezclar de la mejor forma las tácticas de promoción para que el mensaje llegue de forma determinante a tus consumidores? La comunicación integrada de marketing (CIM) es una alternativa para examinar todo el proceso desde el punto de vista del lector.

Y es que la CIM brinda una herramienta para integrar las cuatro pes de la promoción con miras a obtener la máxima rentabilidad y el aumento de las ventas.

Philip Kotler, llamado el padre del marketing, definió la comunicación integrada de marketing de manera contundente al decir que "no es más que asegurar que toda la estrategia de comunicación de la marca se integre en un mismo proceso".[5]

Supongamos ahora que John Katzenbach, autor del bestseller *El psicoanalista*, visitará la Feria Internacional del Libro de Guadalajara. Como no lanzará un libro nuevo, el objetivo será incrementar las ventas de su catálogo. Pensemos que toda

---

[5] Philip Kotler y Gary Armstrong, *Fundamentos de marketing*, 13a. edición, Pearson, 2017.

la estrategia se basará en la presentación y firma de ejemplares que realizará en su visita; la pe principal en la ejecución de la estrategia sería entonces la de relaciones públicas.

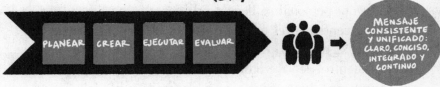

COMUNICACIÓN INTEGRADA DE MERCADOTECNIA (CIM)

PLANEAR CREAR EJECUTAR EVALUAR

MENSAJE CONSISTENTE Y UNIFICADO: CLARO, CONCISO, INTEGRADO Y CONTINUO

EL MENSAJE QUE SE QUIERE TRANSMITIR AL MERCADO Y QUE ES EL QUE PERMITE UN POSICIONAMIENTO ÚNICO Y UN VALOR DIFERENCIAL FRENTE A LA COMPETENCIA

Para reforzarla será necesaria la pe de la publicidad para hacer saber que Katzenbach viene a México, y posteriormente la pe de promoción de ventas para reforzar —con acciones en los puntos de venta y en el stand de la feria misma— la presencia de todos sus títulos —haciendo, por ejemplo, un sorteo que premie a sus lectores más fieles.

Venta personal: la eficaz conexión cara a cara

Antes solía decirse que el consumidor pasaba por seis fases hasta llegar a la compra de un producto: conciencia, conocimiento, aceptación, preferencia, convicción y compra. La única pe que lograba que este pasara por todos los estadios era la venta personal, de ahí que las estrategias de empresas grandes y pequeñas requirieran construir un equipo de ventas.

Así pues, la venta personal, primera pe de la promoción, sigue siendo la más relevante de las tácticas de promoción, ya que transmite información directa a un cliente potencial, el cual recibe respuesta de forma inmediata. Sus ventajas, por lo tanto, son la flexibilidad que brinda el diálogo, la posibilidad de interactuar con el comprador y el conocimiento inmediato del vendedor —quien sabe en tiempo real si está haciendo una buena labor de venta, o no, al ver cómo el cliente reacciona a sus mensajes.

La venta personal se lleva a cabo en tres niveles. El primero se centra en el editor, quien es el responsable de la publicación del libro e inicia la cadena porque debe "venderlo" dentro de la editorial: a vendedores, mercadólogos y promotores. Esto principia en el comité editorial, donde el editor expone por qué su libro debería publicarse, hasta el momento en que el equipo comercial y el equipo de comunicación y marketing destacan las razones por las cuales el libro en cuestión se diferencia de otros en el mercado.

A estos factores diferenciadores los llamamos *argumentos clave de venta*. Mientras más eficaz sea el editor vendiendo su libro, mejor será la reacción de los equipos: el vendedor llegará con más pedidos de los canales de comercialización y el mercadólogo podrá identificar de mejor forma la propuesta de valor del libro para desarrollar los mensajes que ocupará en su estrategia de promoción.

El segundo nivel de la venta personal tiene que ver con el cliente o canal. El mercadólogo, en conjunto con el vendedor responsable de la cuenta, presentará a los libreros o distribuidores las novedades que serán publicadas con cuatro meses de anticipación del lanzamiento. De modo que el cliente —que generalmente es el comprador de esa categoría— puede proceder a hacer la previsión de sus pedidos en función del presupuesto de compras que tenga a su cargo.

El vendedor en el piso de venta es el tercer nivel de la venta personal. Esta figura es muy relevante porque es la responsable de prescribir o recomendar los libros en el lugar donde se está llevando a cabo la venta al consumidor o lector.

Para que se haga un buen trabajo y se entregue una verdadera propuesta de valor se debe garantizar que la capacitación sobre el contenido del libro —por ejemplo, respecto al autor o el género— sea eficiente e incluya todos sus elementos esenciales para que sea más fácil recomendarlo. Lo más importante aquí es que el vendedor de piso tenga claridad sobre la propuesta de valor que el libro ofrece para que pueda transmitirla al consumidor.

El buen vendedor hace la diferencia

No olvidemos que la venta personal es la única de las cuatro pes de la promoción que atraviesa todas las fases del tradicional proceso de compra: conciencia, conocimiento, aceptación, preferencia, convicción y compra. Parece sencillo, sin embargo, son muchas las decisiones que se deben tomar para lograrlo.

En la venta personal la comunicación directa tiene como ventajas que es flexible y el mensaje se personaliza; se aprovechan recursos y se minimiza el desperdicio; su objetivo es concretar una venta; el punto clave es hacer que el lector viva toda una experiencia a través del diálogo que genera el vendedor.

Es más efectiva que otros medios para tener clientes satisfechos, pero lo cierto es que cuesta tiempo y recursos atraer gente preparada para vender libros.

Para muchas editoriales el vendedor resulta ser el único enlace entre la cadena editores / libreros-distribuidores / consumidores-lectores. Y aunque a veces es una barrera que el vendedor conozca todas las referencias del catálogo, es posible diseñar una estrategia de especialización a partir de las temáticas o los géneros para ir afinando la experticia.

En su labor diaria, el vendedor recaba información de gran valor sobre el mercado, la competencia y la recepción del producto o servicio; por lo tanto su rol es fundamental. Siempre deberá tomarse en cuenta que sus ingresos —y en muchas ocasiones su credibilidad y reputación— se verán afectados directamente por la operación de la editorial: si se tienen problemas logísticos y los pedidos llegan incompletos será el vendedor quien se vea impactado.

De tal modo que el vendedor se vuelve, en muchas ocasiones, un estratega mercadológico empírico gracias a su experiencia y al trato que va generando con compradores y lectores. Como sea, la verdadera clave del vendedor está en tener una actitud de servicio y en su capacidad analítica para poder enviar el libro al punto de venta correcto.

Un buen vendedor hasta piedras vende

Suelo decir que el alma del proceso editorial es la edición, su corazón es el marketing y la sangre son los vendedores. De ahí su relevancia.

Por ello, para organizar a la fuerza de venta, se requiere definir cuántos vendedores son necesarios, si van a ser escogidos en función de la cobertura de mercado o del catálogo o por el tipo de clientes que van a atender.

Se debe pensar también en qué tipo de atención van a ofrecer, pues no hay que olvidar que su desafío más grande es vender de forma inteligente para evitar excesivas devoluciones.

Así, la organización de las ventas se puede hacer en función de la tipología de los clientes —librerías, grandes superficies, distribuidores, papelerías, empresas o instituciones (bibliotecas), otros detallistas (venta por catálogo), online (cuántas personas buscan un libro, dan clic y por qué)— o trabajarla y organizar por tipo de producto, de acuerdo con el género —vendedores de ficción o de literatura infantil—, o por formatos —vendedores de audiolibros o de libros de bolsillo.

Se trata, pues, de organizar a la fuerza comercial con base en aquello que sea más pertinente para el tipo de editorial a la que se pertenezca; de cómo ser más eficientes a la hora de vender; de hacer el ejercicio integral de sentarse a planear, anticipar y conocer los problemas a los que podría enfrentarse el editor desde el lado del comprador y el lector desde el lado de las librerías.

Resulta crucial, por lo tanto, que la editorial sepa elegir a sus vendedores. Si antes se decía que "un buen vendedor hasta piedras vende" y para elegirlos bastaba con que llenaran una solicitud de empleo y realizaran las entrevistas pertinentes, ahora es necesario que el responsable de la fuerza de ventas se dé a la tarea de desarrollar un perfil que incluya todas las habilidades blandas (compromiso, actitud de servicio, resolución de problemas, capacidad de negociación) y las duras (manejo de cierto software, algún idioma, un ERP en específico).

Una vez que se haya desarrollado el perfil, es posible salir al mercado a encontrar a los próximos vendedores. Recomiendo que dicho perfil vaya en congruencia con los valores y las competencias que son importantes para la editorial, pues la actitud del vendedor es reflejo de la imagen corporativa.

Un buen vendedor debe tener la capacidad de analizar el perfil de su cliente, el tipo de lectores que recibe en las librerías o en los canales de venta. Debe saber la forma con la cual resaltar los libros en los anaqueles, en las mesas de exhibición y conocer herramientas tecnológicas que le ayuden a hacer el análisis de ventas a mayor profundidad para lograr la tan anhelada rentabilidad.

No puede ser el mismo perfil de vendedor el que atiende una librería que el que atiende un autoservicio, pues no se trata de vender por vender, sino de ver qué de aquello que vendo resulta más rentable para las dos partes.

Por lo que hasta que se ha desarrollado el perfil ya se puede tener una idea sobre cuántos vendedores se han de contratar. Esto basados en la estrategia de cobertura que se haya planteado. También es necesario definir cuál será la compensación económica que se le ofrecerá al vendedor.

Recomiendo que para vendedores nuevos se brinde un salario base que le ayude a compensar los meses en los que quizá no genere comisiones. Y es que algunas empresas editoriales solamente trabajan bajo este esquema de comisiones, las cuales se calculan con base en la obtención de objetivos, por ejemplo: lograr un porcentaje mínimo de devoluciones, que la cartera del cliente esté sana, o que se logre un porcentaje de venta en ciertos periodos. En todo caso es muy recomendable plantearse una compensación mixta o combinada de salario base más comisiones porque, de alguna manera, este modelo permite que el vendedor gane un salario fijo por su esfuerzo natural de ventas y logre una mejor compensación por los objetivos logrados.

Gestión del rechazo

Si bien el dinero no es el principal motivador para un vendedor, si no se aumenta su ganancia sí que le generará desmotivación.

Y es que los vendedores deben saber gestionar muy bien el rechazo: en 80% de los casos reciben un "no" como respuesta y es muy difícil separar ese rechazo profesional del personal.

De ahí que para incentivarlos y brindarles elementos de salario emocional es clave determinar qué motiva a cada uno: ¿control, estatus, libertad y facilidad de permisos, flexibilidad horaria, logros, reconocimiento, visibilidad, voz, aprendizaje, crecimiento, responsabilidades?

Se reconoce en público y se reprende en privado. Si la editorial cuenta con un programa de reconocimiento al mejor vendedor, puede ser muy motivante e inspirador.

Y ya que los seres humanos reaccionamos mejor a estímulos positivos, vale la pena aprender a crear un músculo de reconocimiento y agradecimiento por el buen trabajo o esfuerzo.

Recomiendo evitar, por ejemplo, la entrega de beneficios solo para algunos. Eso solo genera rechazo y resentimiento en aquellos que no lo recibieron. Por eso los criterios deberán estar estandarizados.

Los programas de motivación y recompensas deben aplicar de forma equivalente para todos los colaboradores del área de ventas, a quienes se les suele evaluar, además de por el número de ventas, por aspectos cualitativos, como el conocimiento de los productos, la relación e interacción con los clientes, la apariencia personal, el entendimiento de las políticas de la editorial, la conciencia sobre los competidores, la administración de su tiempo, la calidad de los informes, la preparación y el dominio de su espacio de venta, etcétera.

Estos elementos cuantitativos y cualitativos deben ser iguales para todos y el método de asignación de beneficios, muy transparente.

El crecimiento personal del colaborador

Existe un sinfín de posibilidades a la hora de darles valor agregado a los colaboradores de la fuerza de ventas, pero una de las más apreciadas —y más en términos del trabajo intelectual vinculado con nuestra industria— es el acceso a capacitación.

Es muy común que las empresas asignen cursos aislados, sin estar alineados para capacitar a su personal. Esto no suele dar resultados y, además, suele ser mucho más caro que implementar un programa de capacitación continua que ayude al crecimiento personal del colaborador.

No es lo mismo capacitar a un vendedor experto que a uno sin experiencia. De ahí que sea importante diseñar planes de capacitación que permitan obtener el máximo potencial de las personas a capacitar, tomando en cuenta sus necesidades, las cuales deberán estar alineadas con las necesidades de la editorial.

Desarrollar la carrera de las personas se vuelve preponderante en las organizaciones.

Recomiendo construir planes de entrenamiento basados en temas, objetivos y resultados. No se trata únicamente de que los vendedores vendan; si se quiere que los libros estén colocados en el lugar correcto, se necesitan buenos vendedores que cuenten con las herramientas para desempeñarse mejor.

Para desarrollar una fuerza de ventas en una librería se aplican los mismos criterios. Por ejemplo, una librería especializada en cómic y manga seguramente requerirá un perfil de vendedor diferente a una librería especializada en libros para mujeres o feministas.

De ahí la necesidad de profesionalizar la carrera de ventas especializada en libros; se tienen que aprender competencias y gestionar herramientas para entender mejor al consumidor: cómo quiere ser atendido, qué características tiene un servicio personalizado, entre otras.

Estos son, además, algunos de los desafíos de las librerías de cara a la transformación digital. Un punto clave es que el servicio debe estar implícito en todas las actividades que la librería y la editorial realicen.

A todo este procedimiento se le conoce como *administración de ventas*, donde se crea un departamento de ventas, pero para gestionarlo es necesario organizar al equipo, capacitarlo, motivarlo y evaluarlo.

Siempre se debe tomar en cuenta que mientras más aprende el editor sobre su proceso de ventas, más eficiente se vuelve y mayor es el rendimiento del equipo comercial. Es cuestión de ensayo y error; de evaluar y estar dispuesto a hacer cambios. Y como el mundo está cambiando vertiginosamente, será necesario que muchos de esos cambios sean muy ágiles para atender con rapidez los cambios que exige el entorno.

La fuerza de ventas consume una gran parte de los egresos de la editorial y, a la par, genera los ingresos de la misma. Si los vendedores no logran vender, el editor perderá utilidades y clientes. El servicio será —hoy y siempre— clave para lograr las metas, la diferenciación y así alcanzar las metas establecidas. Prioriza los servicios que puedas ofrecer alineándolos con la estrategia y con tu identidad de marca.

La exhibición es parte del servicio al cliente, entonces se debe tener presente que el 70% de la decisión de compra se toma en el punto de venta: "Si no lo veo: no lo tomo; si no lo tomo, no lo compro". Previo al momento en que el consumidor tome en sus manos el libro que va a llevar a su casa o a regalar se han llevado a cabo la administración de inventarios y la exhibición que, definitivamente, guían al consumidor hasta la adquisición.

Exhibición: sentirse como en casa

Ya mencioné que cuando una novedad sale al mercado se define el tiro inicial con el cual se brindará cobertura al mercado. Ahí se debe definir qué tipo de cobertura se dará: si es una distribución selectiva, el tiro inicial será menor y se elegirán los puntos de venta en donde se pondrán los libros para exhibirlos; en cambio, si la distribución es intensiva el tiro inicial se asignará para lograr la cobertura de la mayor cantidad de puntos de venta.

Puesto que tienen ya un historial de ventas, el caso de los libros de fondo permite al equipo encargado de la gestión del catálogo tomar las decisiones de reimpresión para mantener el inventario vigente de esos títulos. El equipo de edición o el de mercadotecnia también ingeniarán una serie de estrategias para revivir y alargar el periodo de madurez de dichos productos, como cambiar la portada o el tipo de formato. Mantener en stock los títulos que están en catálogo vivo será imprescindible para que la fuerza de ventas y los promotores realicen su trabajo de exhibición.

Y ese punto es vital. La exhibición —también conocida como *lay out* o distribución de los libros— es clave para que el consumidor tenga una gran experiencia dentro del punto de venta, pues será parte del recorrido que hace dentro de un establecimiento.

En el mundo digital se mapea el *customer journey*[6] del consumidor, que veremos más adelante.

Volviendo al mundo físico, está estudiado: el consumidor siempre recorre un establecimiento en el orden contrario a las manecillas del reloj[7] —lo cual facilita su orientación—. No es casualidad que las farmacias estén al fondo de las tiendas departamentales —o que tengan cierto orden y posición en sus secciones.

De modo que el librero deberá determinar, mediante la distribución del mobiliario y el diseño del espacio, el camino que va a seguir el consumidor y el tipo de experiencia que quiere generar en él.

Por ejemplo: los productos de mayor rotación deberían estar al fondo de la librería, lo cual garantizará que los lectores

---

[6] El *customer journey* es una herramienta que ayuda mucho a los mercadólogos a comprender el recorrido que hace el consumidor para encontrarse finalmente con un producto o servicio, y una vez que ya adquirió dicho producto o servicio, se trata de documentar la suma completa de experiencias por las que pasó para analizarlas y con ello identificar áreas de oportunidad para tomar acciones que beneficien al consumidor en su proceso de compra y luego en los programas de lealtad.

[7] https://www.mheducation.es/bcv/guide/capitulo/8448164091.pdf.

la recorran para poder adquirirlos. El análisis del punto de venta deberá contemplar, también, tanto el recorrido que hará el lector como todos y cada uno de los espacios del inmueble; definir en dónde estarán ubicadas las entradas y las cajas. Es necesario preguntarse: ¿qué vamos a exhibir en cada punto?

La ubicación del mobiliario que se encuentra en las librerías tampoco es casualidad. Por ejemplo: el estante en el primer nivel —a 0 y 0.5 metros del nivel del suelo— va a generar 13% de las ventas. Al segundo —de entre 50 y 80 cm al nivel de las manos— se le otorga 26% de las ventas. El tercer nivel —de entre 80 y 170 cm al nivel de ojos— representa nada menos que 52% y el cuarto estante —situado a más de 170 cm, al nivel de la cabeza— recoge 9 por ciento.

Conocer esta información ayuda a valorar qué es más conveniente: exhibir en qué nivel de anaquel o saber dónde es mejor colocar carteles y promociones.

Vale la pena, además, buscar el equilibrio con los niveles de estimulación que son percibidos por los lectores. Es decir, cuando una mesa o un anaquel se ven vacíos provoca en el consumidor desinterés, apariencia de vacío, necesidad de excitación y, por ende, no comprará.

La saturación, en contraste, desata necesidad de espacio y relajación, y conlleva también a menos compra.

Así que el nivel óptimo es aquel en el cual no hay una apariencia de vacío y tampoco una saturación; brinda armonía y ganas de comprar, lo cual desembocará en mayores ventas. Y como cada metro cuadrado en un espacio de venta cuesta dinero, es responsabilidad del encargado del punto de venta optimizar al máximo esos espacios, ya que las librerías, por momentos, nos hacen sentir como en casa. Cada espacio dentro del punto de venta debe ser eficiente y rentable. Porque, en última instancia, la exhibición consiste en construir una experiencia de intimidad, de sentirse a gusto y querer pasar ahí mucho más tiempo.

La promoción de ventas: el aquí y el ahora

Otro instrumento que se usa en el punto de venta es el rema-
te. Las cosas en montón venden, pero mejor si están ubicadas
a la altura de los ojos y las manos. Los juegos de exhibición
y las pilas con figuras permiten equilibrio y transportan
a una sensación de calidez. Consideremos que en un espacio hay puntos fríos (las esquinas) y calientes (los de fácil
acceso y visibilidad); puntos ciegos (no visibles) y puntos
de atracción; puntos de compra impulsiva (novedades de las
que todos hablan, o temas que son tendencia y van a ser lle-
vados rápidamente al cine), o calendarios o cosas para leer
por las noches o actividades a las cuales asistir; puntos de
compra reflexiva y productos complementarios (tazas, ima-
nes, separadores).

El reto consiste en convertir puntos fríos en calientes, o de-
jarlos fríos para que sean espacios para el descanso. La clave
es que el lector quiera permanecer ahí, pero sobre todo que
quiera regresar conservando el tráfico a la librería. Es fundamental que el recorrido sea equilibrado y armonioso.

Si bien los espacios nunca serán iguales, debemos ser
creativos, jugar con las texturas y los tamaños de cada lugar.
Los promotores de las editoriales deberán especializarse en
apoyar a conseguir que los estímulos en los puntos de venta
mejoren conforme se aprende más de las necesidades del consumidor mientras que el equipo de trade marketing deberá
encargarse de conseguir la mayor cantidad de espacios de exhibición en el punto de venta y de medir la participación del
anaquel o también llamada *share of shelf*,[8] esta es una métrica
que ayuda a saber la participación de productos que se tiene
en los diferentes muebles de exhibición (estantes, góndolas,

---

[8] Si deseas obtener mayor información sobre cómo calcular el *Share of Shelf*
te recomiendo blog.citytoops.com

anaqueles, islas) en un determinado punto de venta, para que nuestros productos sean la primera opción de compra.

Es así que la segunda pe, la promoción de ventas (PV), no solamente se lleva a cabo para vender más. Su principal objetivo consiste en estimular la demanda de un producto a corto plazo, de forma inmediata y directa a través de actividades dirigidas a distintos públicos que no se canalizan a través de los medios masivos de comunicación.

Se trata de rebajas de precio, ofertas al por mayor, cupones, vales de descuento, muestras gratuitas, regalos, concursos, entre otras. En pocas palabras, la PV apuesta por la urgencia del consumidor para comprar mientras estén disponibles las ofertas.

Los objetivos clave de la PV son sobrepasar las ventas habituales y potenciar la imagen de un nuevo producto mediante demostraciones, degustaciones y cupones. (Sin embargo, hay que tener cuidado al elegir el tipo de promoción que se realizará, porque si la promesa de venta no se cumple se dañará la imagen y reputación de la marca y habrá serias repercusiones en el canal de distribución).

¿Qué puede impulsar a optar por una u otra promoción de ventas? Los stocks obsoletos, la necesidad de obtener ingresos rápidamente, que la competencia esté ganando participación de mercado, que el propio canal de venta lo exija para distribuir los productos, que la competencia haga promociones y no quieras quedarte atrás.

Como sea, copiar estrategias tiene un alto riesgo de fracaso para el copiador porque impulsar una promoción de ventas debe responder a un objetivo que está detrás de una estrategia, y si el objetivo es solo hacerlo porque la competencia lo hizo es muy probable que no se obtenga el resultado esperado. Básicamente porque nuestros objetivos y los de la competencia no son los mismos.

> " Hay que tener cuidado al elegir el tipo de promoción que se realizará, porque si la promesa de venta no se cumple se dañará la imagen y reputación de la marca y habrá serias repercusiones en el canal de distribución. "

Entonces, la PV debe estar ligada, entre otras cosas, al ciclo de vida del producto. No es lo mismo generar una promoción de ventas para un libro recién lanzado al mercado que para uno que está llegando a su etapa de madurez. Por ejemplo, se puede enviar una serie de ediciones anticipadas a influencers y líderes de opinión para que lean el libro antes de que salga al mercado y hablen sobre él a través de sus diversos medios y plataformas. O mandarle una copia al comprador de la librería para que haga un pedido más fuerte del que se esperaba porque al leerlo supo del potencial del libro. Por el contrario, cuando un libro no vendió lo que se esperaba en su primera exposición de venta es posible rebajarlo para recuperar costos.

Más acciones de promoción de venta

Las ferias de libro están consideradas como una estrategia de promoción de ventas donde se pone a disposición de cierto número de personas el catálogo completo de una editorial para la venta a través de un espacio que se renta mientras dura el evento.

Para estimular las ventas dentro de una feria se pueden realizar muchas acciones de promoción, desde regalar algún artículo de *merchandising* o hasta dar descuentos directos por la compra condicionada de algún producto.

Diversas acciones de PV se llevan a cabo en las librerías a través de los promotores, el personal que se dedica a supervisar la colocación del producto en los anaqueles o libreros y a ejecutar el *merchandising* del libro.

Los materiales POP (*point of purchase*) o también llamados PLV (para la venta) más comunes —que pueden caracterizarse como algún personaje o motivo de la campaña promocional del libro— son separadores o marcapáginas, pósteres, exhibidores de mesa o de piso, displays, colgantes, cenefas, bolsas, postales, llaveros, plumas, cerillos, camisetas... No produzcas materiales que no sumen a la estrategia y que no sean congruentes con ella, ni en calidad, ni en la forma. El material POP tiene la función de reforzar la recordación y estimular la compra del libro en el punto de venta.

El desarrollo de dichos materiales dependerá de la creatividad del mercadólogo, quien debe contemplar siempre que los espacios de exhibición en una librería son muy reducidos y que cabe la posibilidad de que el librero —la persona— se niegue a colocarlos o, por el contrario, que los espacios en las grandes superficies sean mucho más amplios y se puedan producir materiales en concordancia. En muchos casos estos materiales ayudan a convertir un espacio frío en caliente.

Las acciones de promoción de ventas están dirigidas hacia los lectores a través de los puntos de venta o de plataformas digitales, hacia los propios canales de distribución a través de diferentes descuentos o incentivos, y también para estimular las acciones de la red comercial o de los empleados en general.

Las degustaciones en el mercado masivo también se adaptan a la industria editorial brindando primeros capítulos del libro o fragmentos que ayuden a que los lectores se enganchen con el contenido. Para promover la compra de audiolibros una de las estrategias más comunes de la PV es colocar un fragmento en las plataformas comerciales, pues además de brindar un poco del contenido del audio, se aprecia también la calidad de la narración.

Un camino más en el amplio universo de las promociones de venta tiene que ver con los cupones, útiles para ampliar la imagen de la marca. Equivale a dinero en efectivo que se puede canjear o redimir en determinado periodo y con condiciones específicas, ya sea por un libro o por algún encuentro con autores. Estos cupones pueden ser impresos o digitales.

La promoción directa —otra vía de la PV, la cual se hace a través del correo electrónico, teléfono, SMS, push notificaciones— permite llegar a una audiencia específica en un menor tiempo y a un costo inferior al de la venta personal. La promoción directa de libros se apoya en el telemercadeo, el *mailing* o el correo directo, así como los sitios o micrositios alusivos al libro, también llamados *landing pages.*

En cuanto a las PV relacionadas con los incentivos o descuentos para el canal de ventas o distribuidor pueden ser descuentos por volumen de compras —cuando este supera una cantidad fijada por el editor o cuando se compra con condición comercial especial, como "firme sin derecho a devolución"—. También se suelen negociar descuentos por pronto pago: una rebaja porcentual para obtener pagos expeditos.

Se pueden brindar también estímulos en especie para libreros y distribuidores por haber alcanzado ciertas cuotas de compra o de venta, o por las devoluciones, pero siempre es el editor quien establece los objetivos y premia los que fueron alcanzados.

En el camino pueden surgir una serie de exigencias de los canales de distribución para que la editorial participe en las acciones de promoción de ventas que ellos mismos generan para atraer público o tráfico a sus canales. Estas pueden ser desde la participación en un catálogo de productos hasta la aportación para diferentes actividades publicitarias.

En medio del mar de posibilidades que brinda la promoción de ventas no se puede pasar por alto, previamente a cada campaña, preguntarse cuál es el objetivo de la mezcla promocional, cuáles las herramientas promocionales aplicables a los productos y en qué momento se va a realizar la promoción.

También hay que tener presente que hay promociones que se hacen en etapa de lanzamiento o en etapa de declive; no se puede acostumbrar a los consumidores a promociones eternas que acaban siendo parte del *statu quo*.

Errores y oportunidades en la promoción de ventas

Recuerdo la promoción de libros de bolsillo que llegaron de España a México y que ofrecimos a 89 pesos. Estos eran un excedente de las ediciones que teníamos en el almacén y que correspondían a múltiples sellos editoriales.

La estrategia con las ediciones de bolsillo era poder hacer un relanzamiento, pero eliminando todas esas marcas editoriales para englobar todo en una sola: Debolsillo.

Antes de lanzar la nueva marca queríamos agotar las existencias de todo ese excedente. Al stock que ya teníamos decidimos comprar a un costo inigualable parte del excedente de la filial española y ofertar todo en 89 pesos.

La respuesta no fue la esperada y cuando pensamos que la oferta duraría no más de tres meses, esta se tuvo que extender hasta los ocho meses por la cantidad de inventario que aún teníamos en el almacén.

Nuestro error fue haber extendido esta promoción durante demasiado tiempo porque los lectores se acostumbraron al precio bajo; es decir, el precio ya no se percibía como una promoción, sino que con el tiempo se convirtió en el precio al que se ofrecían los libros.

Cuando se acercó la hora en la que estas "ofertas" y la nueva línea de libros Debolsillo se empalmarían en el punto de venta, por supuesto que tuvimos que aplazar el lanzamiento (un año). Los lectores no entenderían por qué *Carrie* de Stephen King costaba 89 pesos en una edición y otra edición del mismo formato costaba 249 pesos.

De tal modo que, por lo general, el canal de distribución resulta afectado por la reputación que genera una promoción. Si bien no hay una fórmula mágica que indique el tiempo ideal que deba durar una promoción —pueden ser días, una semana, un mes—, el punto clave es generar un estado de "urgencia" en el consumidor. Que diga: "Si no lo compro ya, la promoción va a terminar y habré perdido la oportunidad".

Además del tiempo que va a durar la promoción es necesario contemplar el tiempo que se requiere para prepararla. Si esta se llevará a cabo en varios puntos de venta será necesario que todos tengan claras sus condiciones y cómo se va a administrar la demanda generada por la misma. Por ejemplo, utilizando el anuncio "Válido hasta agotar existencias".

Una de las acciones promocionales de mayor éxito que hemos hecho y que ha perdurado en el tiempo es la tan esperada caja Debolsillo, que en 2024 cumple 20 años de llevarse a cabo. Se trata de una caja hecha de cartón —ahora reciclado— por la que se paga un precio especial, y en la que los lectores se puedan llevar los libros Debolsillo que quepan en ella. Esta promoción se realiza únicamente en la Feria del Libro de Guadalajara, día a día, sin horario determinado, permite que los lectores elijan los libros que quieren, lo que personaliza la promoción, aumenta el tráfico al stand y crea una experiencia en sí misma, la de elegir los libros que irán en la caja. Esta promoción de ventas se ha vuelto icónica en la feria, es decir, los lectores ya la conocen y la esperan año con año.

Finalmente, la promoción de ventas interna se usa para motivar a los vendedores a lograr los objetivos deseados a través de distintos incentivos, los cuales van desde un bono de productividad hasta viajes o cenas en lugares exclusivos o turísticos.

8

EL IMPULSO CREATIVO
QUE TRANSFORMA
IDEAS EN REALIDAD

Tras aquella alianza con UNICEF desarrollamos una serie de clubes de lectura para los bachilleratos públicos de la Ciudad de México. El objetivo era que los alumnos de estos planteles escogieran un libro de todo el catálogo de la editorial y, una vez leído, realizaran a partir de él una actividad artística: la elaboración de un cartel, una historieta, una pintura.

Después de algunos meses asistimos al acto de presentación de los resultados de dichos talleres y fue una sorpresa para mí descubrir que muchos de los jóvenes hablaban de un gusto especial por los géneros de terror y las historias salpicadas de sangre y violencia. Muchos de ellos habían descubierto a Stephen King.

Sin embargo, y a pesar de que es un autor con el que los jóvenes se identifican inmediatamente, no lográbamos que vendiera como queríamos. El impacto que me dejó el ejercicio con aquellos jóvenes me inspiró para desarrollar toda una estrategia de autor.

Mi hipótesis partió de que no estábamos vendiendo a Stephen King porque la manera en la que sus portadas estaban diseñadas no lograba que sus lectores se identificaran. No había en muchas de ellas elementos que refirieran a los códigos gráficos de terror, violencia y sangre, conceptos que los jóvenes habían mencionado en el taller.

En aquellos días, sin redes sociales y sin el boom de la era digital, 80% de lo que se compraba se veía en los puntos de venta, sin estímulos promocionales, es decir, tan solo a través de la portada de los libros.

Abordé esta idea primero con mi equipo de trabajo y después con el equipo de diseño y con el editor responsable. Parecía una locura querer cambiar las portadas de más de 80 títulos; la inversión que representaba era insensata a ojos de cualquier financiero porque, además, la historia de venta no auguraba éxito sino todo lo contrario.

Pese a las restricciones, pusimos manos a la obra y definimos que cambiaríamos las portadas en un lapso máximo de tres años, e iniciaríamos con el lanzamiento de la primera temporada de terror que se nos presentara.

La diseñadora responsable entendió perfectamente el desafío: el público al que dirigiríamos los esfuerzos, los códigos gráficos de terror y sangre que los jóvenes querían y desarrolló una línea gráfica fenomenal que se ajustaba a ese discurso visual que nos permitiría trabajar en la estrategia de marketing, basada, primero, en defender el territorio de "terror" y después en conquistarlo.

El padre del terror había vuelto a las librerías, pero dejó de ser padre para convertirlo en *El rey del terror*. Desde entonces y hasta ahora, cada temporada de terror, Stephen King tiene un lugar y un espacio en la mente de los lectores. No solo hemos logrado aumentar considerablemente las ventas del autor, sino que hemos logrado posicionarlo como uno de los referentes del género. Al grado de abrir un change.org para nominarlo al Premio Nobel.

Publicidad: haz que sea relevante

Es un mito pensar que la publicidad vende. La publicidad persuade. Se trata de una herramienta impersonal de comunicación de masas que reúne todas aquellas actividades encaminadas a presentar un mensaje pagado sobre un servicio, producto u organización a través de medios masivos como la televisión, la radio, impresos (periódicos y revistas), internet o publicidad exterior (espectaculares, camiones integrales, vallas, columnas, dovelas, entre otros).

Mediante mensajes cortos, creativos y repetitivos, las herramientas publicitarias para los libros le brindan visibilidad para facilitar el encuentro entre lector / contenido-libro.

Por lo general la estrategia publicitaria se apoya en otras actividades de la mezcla promocional, como la promoción de ventas, cuyas modalidades más usuales son la presencia en el POP o punto de venta mediante un stand; regalos / artículos promocionales o muestreo (*testing*), con el fin de que el consumidor pruebe un producto que se encuentra en etapa de introducción.

También se apoya en las relaciones públicas en sus diferentes modalidades —siendo quizá el *publicity* la más tradicional— y apoya a la pe de la venta personal al reforzar la propuesta de valor impulsada por el vendedor.

Cuando recién aparecieron las redes sociales y los servicios de streaming cantamos "¡urra!" porque no había en ellos "publicidad". Sin embargo, con el tiempo esto fue cambiando. Ahora mismo vivimos en un mercado saturado de productos que, de manera proporcional, nos lleva a una saturación de mensajes publicitarios.

La saturación en espacios públicos, medios de comunicación y redes sociales puede ser abrumadora para muchas personas. El exceso de anuncios genera una sensación de agotamiento y desinterés, lo cual lleva a la indiferencia o el rechazo hacia la publicidad en general. La publicidad se coloca entonces en un lugar de "intrusión".

Esta opinión puede variar entre las personas y las culturas. Sin embargo, hay algunas tendencias y percepciones generalizadas. Muchas personas consideran que la publicidad intrusiva interrumpe y perturba su experiencia diaria, vale la pena mirar solo las estadísticas del crecimiento año con año de servicios de bloqueo publicitario.[1] Anuncios invasivos en medios digitales, como ventanas emergentes o anuncios de reproducción automática con sonido, son especialmente criticados por interrumpir la navegación en línea.

A medida que la publicidad se vuelve más personalizada, algunos individuos expresan su preocupación por la privacidad de sus datos personales. La recopilación de información para ofrecer anuncios específicos puede también generar desconfianza en los usuarios. Y es que algunas formas de publicidad utilizan tácticas engañosas o manipuladoras para captar la atención de los consumidores.

Sin embargo, no todas las formas de publicidad se consideran intrusivas o negativas. La publicidad bien dirigida, relevante y respetuosa con la experiencia del usuario puede ser apreciada e incluso valorada por su capacidad para informar, entretener o brindar beneficios a los consumidores.

Para evitar la parte negativa de la publicidad, el *product placement* (en español, emplazamiento del producto) fue ganando notoriedad. El ejemplo más conocido de esta táctica es la película *Náufrago*, protagonizada por Tom Hanks y por el balón de baloncesto de la marca Wilson.

Existen dos modalidades del *product placement*: la forma activa y la pasiva. La diferencia entre ambas es que en la primera el producto interactúa con los personajes y es parte

---

[1] https://www.statista.com/topics/3201/ad-blocking/.

de la historia, y en la segunda la marca no interactúa, solo aparece dentro de la historia.

Con libros se han producido en películas, series y spots publicitarios. Recientemente la película *Book Club: The next chapter*, protagonizada por Diane Keaton y Jane Fonda, hace un maravilloso *product placement* con *El Alquimista* de Paulo Coelho.

La elección del medio sí que importa en la estrategia

Respecto de la elección del medio para generar una campaña publicitaria recomiendo preguntarse una vez más cuáles son los objetivos que persigue tu estrategia.

La radio, por ejemplo, es un medio que suele generar respuestas muy rápidas en los consumidores. Si se decide hacer una promoción de ventas, la radio es muy útil como medio de apoyo a la estrategia de PV porque asegurará que la mayor cantidad de personas se entere de que existe dicha promoción.

Si se tiene entre las manos un contenido explosivo, coyuntural o que está en la boca de todo el mundo, recomiendo que se utilice la radio para hacer llegar el mensaje publicitario. En cambio, si lo que se tiene es un libro de *parenting*, el cual tendrá un proceso de compra mucho más reflexivo, es ideal poner un banner o un anuncio en video en la página web más relevante de *parenting* del momento.

La elección del medio sí importa en la estrategia. De hecho es muy relevante.

> **La publicidad es plausible siempre y cuando esté integrada en la estrategia de distribución.**

Por el tipo de producto que tenemos en la industria editorial, y debido a los bajos márgenes de utilidad que posee un libro, su publicidad no tiene la espectacular acogida que los demás productos de consumo, aun cuando se encuentre en etapa de lanzamiento.

Esto obedece a una sencilla razón: una publicidad intensa implica altos costos que muchas veces no podemos permitirnos.

La publicidad es plausible siempre y cuando esté integrada en la estrategia de distribución. Y con la personalización de la publicidad de hoy día es posible poner un anuncio en un estado pequeño de cualquier país. Por ejemplo, en el estado natal del autor o donde actualmente vive para que este apoye la estrategia de publicidad con acciones de relaciones públicas.

Por otro lado, resultaría muy estratégico que se utilice un medio de publicidad masivo cuando la distribución sea intensiva para aprovechar que la mayor cantidad de personas vea el anuncio y encuentre el libro.

El factor tiempo aquí juega un papel muy relevante. Parecerá absurdo pensar que muchas empresas han corrido con sendas campañas publicitarias sin asegurarse de contar con suficiente stock de producto para satisfacer la demanda generada, pero ocurre. Por lo que el tiempo se vuelve muy relevante.

Recomiendo asegurarse entonces —antes de lanzar el anuncio— de que la cobertura que tendrá el anuncio sea cien por ciento compatible con la cobertura no solo de stock, sino geográfica del título que la editorial pone a la venta para que se asegure el éxito de la estrategia.

La publicidad digital ha venido a romper todos los paradigmas

Los medios especializados como canales publicitarios gozan de muy buena posición en la industria, pues van acorde con el tipo de contenido que se publica. Si se está publicando un libro de *gaming*, por ejemplo, será muy útil que se publicite en los medios en los que están los gamers, o si se tiene entre manos un libro sobre la salud del intestino habrá de preferirse un anuncio en revistas especializadas en la salud gastrointestinal.

También han tenido cierto auge las revistas que los propios canales de distribución editan. Publicitarse ahí asegurará evitar el desperdicio, pues de antemano el público que leerá esas revistas es lector.

También están las pautas institucionales, las cuales obedecen a ocasiones en las que fallece algún autor o si este recibe algún reconocimiento. Se suele poner una esquela o anuncio de felicitación en los periódicos o se generan posts para las redes sociales que se publicitan para aumentar el alcance de dicho posteo, según sea el caso.

> **El desarrollo de una estrategia publicitaria implica definir primero los objetivos de la campaña, luego trabajar sobre el presupuesto, enfocar los esfuerzos creativos para diseñar el mensaje adecuado y seleccionar los medios que distribuirán el mensaje para posteriormente evaluar su eficacia.**

Lo que es cierto es que la publicidad digital ha venido a romper todos los paradigmas de la publicidad tradicional. Especialmente para las editoriales porque, con los bajos presupuestos para publicidad, este camino permite la accesibilidad y el poder llegar a las audiencias objetivo sin tanto desperdicio y aprovechando todas las vertientes de internet —plataformas, redes sociales, blogs, apps, buscadores.

Cuando el presupuesto lo permite, una pauta publicitaria continua en redes ayuda a la editorial a obtener *top of mind* —o alto nivel de recordación— en la mente del consumidor, ya sea que se utilice para publicitar contenidos-libros o para la marca corporativa. Dicha pauta debe garantizar una verdadera frecuencia, de lo contrario los impactos serán débiles e infructuosos.

Insisto: el desarrollo de una estrategia publicitaria implica definir primero los objetivos de la campaña, luego trabajar sobre el presupuesto, enfocar los esfuerzos creativos para diseñar el mensaje adecuado y seleccionar los medios que distribuirán el mensaje para posteriormente evaluar su eficacia.

Es en este tipo de comunicación digital que se habla de cuatro etapas básicas, de acuerdo con el modelo AIDA: atraer la *atención* del consumidor, captar su *interés* a corto plazo, despertar su *deseo* y atizarlo y, al final, cristalizar el proceso de la compra; es decir, llevar a la *acción*.

Si se va a utilizar publicidad que no es digital es mejor anunciar un solo libro y no saturar el anuncio con muchos. Como se tienen pocos recursos, se suele poner la mayor cantidad de libros en un anuncio, pero acaba saturado y confunde a la persona que recibió el mensaje.

Es mejor hacer anuncios de un solo libro, cueste lo que cueste, para generar impacto —hoy el consumidor presta apenas intervalos de ocho segundos de atención—.[2] Un libro puede tener diferentes mensajes que se alinean de acuerdo con el canal en donde se distribuye la publicidad para lograr

---

[2] https://www.entrepreneur.com/growing-a-business/youve-got-8-seconds-to-grab-a-customers-attention-heres/427827.

que diferentes audiencias se identifiquen con ellos, sin embargo, es nuestra obligación ser relevantes y no saturar con tantísima información.

En la publicidad digital se pueden utilizar muchos grupos de anuncios con una gran cantidad de formatos —estáticos y dinámicos—, donde el reto será ser coherentes con el mensaje y destacar la promesa de valor que estamos ofreciendo a cada una de las audiencias.

Contenidos relevantes —o nada—

Se estima que, mientras escribo este libro, más de 40% de usuarios de internet en el mundo utilizan alguna herramienta bloqueadora de anuncios —*ad blockers*—.[3] Por ejemplo, en Finlandia en 2020 ya 62% de los usuarios de internet había bloqueado la publicidad de sus sesiones de navegación.

Por lo tanto, y con el objetivo de ser mucho más relevantes para los consumidores, las empresas de todo el mundo evolucionan de cara a la creación de contenidos. Esa evolución se conoce como *branded content* (contenido de marca, técnica de marketing que propicia la conexión emocional del consumidor con la marca), el cual se basa en la premisa de crear valor para los consumidores a través del contenido.

Al proporcionar información útil, entretenimiento o experiencias relevantes, las marcas pueden fortalecer su relación con la audiencia y diferenciarse de la publicidad tradicional. De ahí que los departamentos de creatividad que se enfocan en generar contenidos relevantes tengan mucho auge y mayor aceptación para comunicar productos en la era digital.

Si se van a enfocar los esfuerzos en generar *branded content* será muy relevante definir los objetivos de la estrategia.

---

[3] https://backlinko.com/ad-blockers-users.

Estos pueden ser: aumentar el conocimiento de la marca, generar *engagement* con la audiencia, mejorar la percepción de la marca, educar a los consumidores, entre otros.

Después será fundamental comprender a fondo a la audiencia objetivo para poder crear contenidos relevantes. Esto implica conocer sus intereses, necesidades, preferencias y comportamientos. La investigación de mercado y el análisis de datos son herramientas útiles en este proceso.

Este contenido puede tomar la forma de artículos, videos, infografías, podcasts, publicaciones en redes sociales, entre otros formatos. Debe ser entretenido, informativo y útil para los consumidores, sin ser una simple promoción de la marca. Esta se integra de manera sutil en el contenido, de modo que esté presente, pero no de forma intrusiva. Esto puede lograrse a través de menciones discretas, la presencia del logotipo o la asociación con valores o mensajes de la marca.

El contenido es el rey, pero la distribución es la reina

De nada servirá que se desarrolle contenido maravilloso si luego nadie lo ve. Esto puede incluir el sitio web de la marca, redes sociales, blogs, colaboraciones con influencers o medios de comunicación relevantes.

La promoción se realiza de manera orgánica[4] o pagada dependiendo del alcance deseado; finalmente se realiza un seguimiento de los KPI para evaluar el impacto del *branded content* —con métricas como el alcance, interacción, tiempo de permanencia en el contenido, generación de leads o

---

[4] Cuando menciono "orgánico" me refiero a que el contenido se dará a conocer por sí solo, sin que se ponga una pauta para mejorar su alcance. Cuando hablamos de "pagado" es porque estamos poniendo dinero en la distribución de ese contenido.

conversiones—. La retroalimentación de la audiencia también es valiosa para ajustar y mejorar la estrategia.

Cualquiera que sea la estrategia publicitaria hay que tomar en cuenta que se trata de la única pe que no pasa por todo el proceso de compra tradicional y que generalmente se utiliza como una táctica de apoyo para alguna de las otras pes, pero no como la pe estratégica.

La publicidad sobre todo sirve para generar conciencia y aceptación o para cambiar creencias, pero no vende por sí sola. Requiere del apoyo de las otras pes para cerrar el proceso de compra.

Requerirá también de frecuencia, congruencia y consistencia para generar recordación por parte del consumidor. Recomiendo no casarse con un solo medio publicitario.

La teoría de la punta de lanza en publicidad establece que elijas un medio primario o principal que ejercerá 60% del presupuesto publicitario. Ese medio llegará a la mayor cantidad de audiencia e incluirá la creatividad base; luego se habrá de elegir un medio secundario o táctico que maximizará el alcance y la frecuencia y será el segundo medio en inversión de recursos. Finalmente, el medio terciario va a extender el periodo de presencia publicitaria y va a colaborar en el alcance y la frecuencia; también representará el más bajo costo.

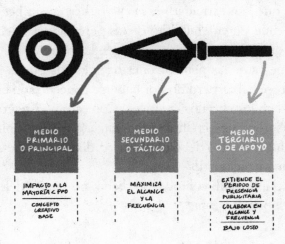

La magia de las relaciones públicas

Se asume que lo importante de las relaciones públicas (RP) en la industria editorial es que logren consolidarse entrevistas a escritores.

A vuelo de pájaro, se piensa que en las dinámicas de RP no hay una estrategia detrás ni análisis de públicos; que simplemente se trata de darle gusto al editor o escritor para cumplir con una cuota de entrevistas.

Eso no puede estar más lejos de la verdad. Al autor le molesta brindar entrevistas sin sentido para lograr el impacto que su libro necesita para alcanzar a su audiencia. Llenar agendas para quedar bien siempre será un esfuerzo que no vale la pena para nadie.

Las RP son un esfuerzo que se planea y se sostiene en el tiempo para establecer y mantener el entendimiento entre una organización y su público. Cuando hablo del público me refiero a *todo* su público: autores, clientes, inversionistas, accionistas, proveedores, la comunidad, los lectores, el gobierno, las instituciones financieras, los líderes de opinión y los empleados.

Por lo tanto, constituye una de las armas más potentes que existen para generar imagen y reputación.

Y es que la efectividad de las RP radica en un hecho crucial: se mueven en el ámbito de las percepciones del consumidor, que es donde nacen o mueren las marcas.

La guerra de las percepciones ha sido una que la publicidad parece haber perdido por haberse concentrado en ganar premios en los círculos creativos. Con esto no pretendo menospreciarla. Sus beneficios y vigencia son innegables, solo que su lugar dentro del plan de mercadotecnia debe ser muy específico y racionado.

A la publicidad, como ya he dicho, no puede delegársele toda la labor de venta.

Así pues, la misión de las relaciones públicas se enfoca en realizar todas las acciones que sean necesarias para la difusión de los autores y los libros a publicar —o ya publicados—, la difusión de la imagen pública y corporativa de la editorial, así como la de estrechar y fortalecer las relaciones entre todos los públicos a los que se expone.

El *publicity*, por su parte, se refiere a la gestión de la atención y la imagen pública de una persona, empresa, producto o evento a través de medios de comunicación. Consiste en obtener cobertura mediática y generar interés positivo en los medios de comunicación y entre el público en general sin pagar un dólar por ello.

El objetivo del *publicity* es crear una imagen favorable y aumentar la visibilidad y el conocimiento de la entidad o el tema en cuestión. Puede implicar el envío de comunicados de prensa, la organización de eventos para los medios de comunicación, la colaboración con influencers o celebridades que generen información de interés para los medios de comunicación, la gestión de entrevistas y apariciones en medios, entre otras acciones.

A diferencia de la publicidad tradicional, el *publicity* busca obtener atención y exposición a través de la generación de noticias, reseñas, entrevistas y menciones en medios de comunicación en lugar de utilizar anuncios pagados. Es gratis. Se basa en la idea de que la cobertura editorial y las recomendaciones de terceros tienen un mayor impacto y credibilidad para el público.

El *publicity* puede ser una herramienta efectiva para construir una reputación positiva, aumentar la confianza del público y generar interés en torno a una entidad o evento específico. Sin embargo, su éxito depende de la relevancia y el interés que pueda generar en los medios y en el público objetivo.

Las relaciones públicas hoy en día ya no se acotan solo al *publicity*. Es importante —y lo subrayo— impactar a aquellos otros medios que nos ayudarán a llegar a estas audiencias. Pueden ser clubes de lectura, influencers, líderes de opinión, blogs, videoblogs, booktubers, booktokers, entre otros.

> "
> **El *publicity* puede ser una herramienta efectiva para construir una reputación positiva, aumentar la confianza del público y generar interés en torno a una entidad o evento específico. Sin embargo, su éxito depende de la relevancia y el interés que pueda generar en los medios y en el público objetivo.**
> "

En cuanto a las acciones de *publicity* en la industria editorial es necesario fijar un objetivo que además incluya las características del *buyer persona* y el *customer journey* con la finalidad de elegir muy bien los mensajes que queremos dar a conocer y los medios con los que queremos trabajar.

Los medios primarios que se elegirán constituyen la audiencia principal a la que quiero llegar, mientras que los medios secundarios se utilizarán para ampliar esta audiencia.

Conseguir entrevistas a diestra y siniestra sin tener claro el objetivo y la audiencia es una pérdida de tiempo y dinero tanto para los autores como para la editorial. Es mejor generar una agenda robusta por el impacto que se tendrá en la audiencia objetivo que una donde más de 50% de lo agendado es solo para aparentar que se está haciendo un gran trabajo.

En caso de negociar un adelanto que será anunciado o dado a conocer antes de la publicación del libro se puede solicitar al área de producción un juego de galeras, que servirá para ofrecer el libro. De acuerdo con el tema y las características del título se elegirá al medio y se le enviará el adelanto junto con la información respectiva para que lo difundan.

Este adelanto se trata de negociar el mes anterior a la aparición del libro con el fin de que se publique una semana antes de su lanzamiento. Si esta acción no es bien coordinada en cuanto a la fecha de publicación en el diario, la transmisión en radio, televisión o en cuanto a la generación de contenido pactado en redes sociales, se corre el riesgo de perder la venta que puede generar esta táctica.

Un segundo momento de promoción y difusión es cuando el libro llega a la editorial y a su almacén. Previo a la salida del libro a la venta se pueden hacer diferentes acciones, como la firma de ejemplares por parte del autor, los cuales pueden ser enviados a directores de medios y periodistas especializados, pero también a compradores de libros, líderes de opinión, entre otros.

Mientras el libro se está distribuyendo se puede comenzar con la planeación de la organización de agendas de entrevistas o ruedas de prensa; la coordinación de diferentes tipos de entrevistas en medios electrónicos e impresos; presentaciones de libros en los canales de distribución habituales y en museos o en cualquier otro tipo de institución u organismo.

Luego, una vez que se ha asegurado que el libro tiene el 100% de cobertura en su distribución, ya es posible llevar a cabo entrevistas al autor en los medios impresos y electrónicos, presentaciones en librerías, viajes al interior y reseñas bibliográficas en diarios y revistas. De esta forma se asegura que los mensajes que el autor está haciendo llegar al lector puedan tener un impacto en ventas.

Hacerlo bien y hacerlo saber

Para alcanzar el impacto necesario es recomendable que se tenga a la mano la información de cómo ha sido ejecutada la distribución del libro: si ha sido una distribución intensiva, selectiva o exclusiva para que la cobertura en los medios elegidos vaya en concordancia.

Parece muy obvio coordinar las fechas de lanzamiento del libro con la exposición del autor o interlocutor en medios, pero si el ruido explota antes de tener la cobertura en la distribución habrá de tenerse especial cuidado en la organización de los tiempos y siempre tener un plan b por si acaso fallara la planeación.

Las presentaciones, charlas, tertulias, seminarios, performances, talleres, conferencias, charlas y debates o cualquier tipo de evento de promoción también están dentro de la pe de las relaciones públicas. Recomiendo que todos los eventos vengan apoyados por la publicidad con el objetivo de tener los recintos llenos.

Mensualmente habrá de evaluarse el impacto que las notas obtenidas están teniendo en la imagen, reputación y ventas de la editorial; medir el sentimiento que están generando en los lectores, el *share of voice* —el nivel de participación de un actor en un canal determinado—, el número de personas alcanzadas y cuáles son los medios o canales que mayor impacto tuvieron en la venta de libros.

Otra de las acciones de RP orientadas a ganar un sentimiento favorable en la imagen y en la reputación puede ser desarrollar eventos que impulsen los valores de la marca. Por ejemplo, si se intenta comunicar los valores en torno al medio ambiente y la sustentabilidad, se puede organizar un evento para plantar árboles o cuadrillas para limpiar los parques de la ciudad. O un evento donde escritores donen una parte de sus regalías a favor de alguna labor social que les importa.

Cuando los autores están donando sus regalías por una causa, habrá que hacerlo saber. Cuando la editorial apoya una causa o cuando tiene que comunicar una postura sobre algún tema en específico, también habrá que hacerlo saber.

El objetivo de todas las acciones de relaciones públicas es hacerlo bien y hacerlo saber.

Las alianzas o patrocinios que se generan con terceros también son parte de la estrategia de relaciones públicas. Primero, por el hecho mismo de la relación con el tercero y, segundo, por el beneficio y el impacto que la sociedad lleve a cabo. Por ejemplo, con Samsung propusimos una acción de voluntariado enfocada en beneficiar el acceso a la educación de los niños más necesitados. Se convocó a los empleados de la empresa para grabar, en sesiones colaborativas, un cuento clásico. Todos los recursos obtenidos de esa grabación serían donados a asociaciones infantiles.

Justo al inicio de la pandemia por covid-19 cerramos una alianza con Save the Children, quienes han sido aliados estratégicos de la editorial. La alianza se trató de permitirles la lectura de 50 títulos para su campaña en favor de la sensibilización y procuración de fondos. Según sus cifras, estimaron que 40 millones de niñas y niños en México estaban en riesgo por la emergencia sanitaria y estaban expuestos a un fuerte impacto psicológico y emocional. Su educación había sido suspendida oficialmente del 20 de marzo al 20 de abril y se estimaba, además, que 100 mil niñas y niños migrantes no contaban con un hogar en el que protegerse.

Camila Sodi y Osvaldo Benavides fueron los embajadores de la campaña y ellos mismos nominaron a más celebridades para unirse en pro de la procuración de fondos. Ellos subirían sus lecturas a su cuentas de Instagram, Save the Children haría lo propio con las suyas y la editorial lo mismo. El incremento promedio en la venta de los títulos seleccionados fue de 5% y el tráfico a la página web creció en un 40% durante el tiempo de la campaña.

Los ejemplos arriba señalados sirven para mostrar que cuando una estrategia está basada en el ámbito de la pe de las relaciones públicas puede tener alcances insospechados, porque en el mundo de los libros —aunque el *publicity* sea la táctica más recurrente— se puede trabajar con otras modalidades para generar impacto y ventas.

La reputación: la mayor fortaleza

Una de las misiones clave de las RP es la construcción, el cuidado y el manejo de los asuntos que tienen que ver con la imagen y la reputación de la marca, que es el recurso más valioso que se genera a través de percepciones.

La reputación se va construyendo a partir del comportamiento, de la ejecución de cada una de las acciones institucionales; de sostenibilidad, ética, transparencia y responsabilidad social de la organización.

Hay que construir credibilidad a partir de estos valores y aprovechar el liderazgo corporativo, la reputación del CEO y buscar que los directivos sepan comunicar los valores de la empresa.

También influye, en términos generales, la manera en que se comportan las personas que conforman la editorial, así como mantener una narrativa corporativa sólida, consistente y auténtica.

> **Una de las misiones clave de las RP es la construcción, el cuidado y el manejo de los asuntos que tienen que ver con la imagen y la reputación de la marca, que es el recurso más valioso que se genera a través de percepciones.**

En la actualidad el progreso de una compañía se cimienta en su humanismo, es decir, en que la persona y su valor sean una prioridad, ya sean los colaboradores internos, como los proveedores, los socios o los clientes.

¿Y cómo se construye una buena reputación? Requiere de un plan estratégico para protegerla al máximo. Porque, la verdad sea dicha, esa construcción constituye un proceso a largo plazo que debe estar basado en información veraz y real de la compañía, y en la acumulación de factores que tienen que ver con la contribución del negocio con el entorno, su comportamiento con la comunidad y, cómo no, con la satisfacción del cliente.

Bajo esta idea la tarea de las relaciones públicas se diversifica para cuidar las relaciones con los diversos actores o audiencias-objetivo de la editorial. Me refiero a públicos externos, entre los cuales se encuentran la comunidad, los clientes, consumidores, proveedores, líderes de opinión, gobierno, instituciones financieras y medios de comunicación; también a los internos como autores, empleados y accionistas.

Las RP tienen en sus manos la más delicada y trascendental de las labores en la comunicación empresarial: el manejo de crisis. Tan simple como que si no se apaga rápidamente una crisis se puede salir de las manos de forma exponencial y generar muchos e incalculables daños.

No reaccionar a tiempo frente a una crisis puede tirar gobiernos y derrumbar la reputación de una marca.

Ante una crisis —o microcrisis— no se puede quedar callado. No hay que gestionar la situación con mentiras ni esperar milagros. Lo verdaderamente aconsejable es salir rápido, con la verdad, y una solución o plan de acción para resarcir el error.

Tampoco es recomendable negar los hechos. Muchas veces es mejor dar la cara para ofrecer una disculpa. Y entre más rápido, mejor.

Cada empresa suele contar con sus protocolos internos para el manejo de crisis, que en general tiene patrones comunes, pero que cambia según el contexto.

Un código de reglas o protocolo de acción se compone, en primer lugar, del análisis de la crisis para luego enfocarse en apagarla en donde inició, así tal cual: ir al origen y decidir quién va a hablar, en qué tiempos y cómo hacerlo, siempre con la mayor inteligencia y sensibilidad posibles. La idea es abordar el asunto paso a paso.

A veces los propios consumidores bajan la temperatura de las crisis porque defienden y quieren a la marca, cosa que se agradece, pero lo cierto es que no se puede trasladar la defensa a los usuarios. A veces la situación puede durar apenas unos días, hasta que sucede otra cosa. Por eso es que se suelen utilizar las cortinas de humo: para visibilizar algo distinto y retirar así el reflector del hecho negativo.

La estrategia del rumor y los nuevos medios

El rey del cash, libro escrito por la periodista Elena Chávez, reconstruye los secretos políticos y financieros de Andrés Manuel López Obrador, presidente de México en el periodo de 2018 a 2024. Chávez narra esta historia de corrupción como una *insider*, pues durante algunas décadas fue la pareja de quien fuera el secretario particular del presidente.

El libro inició su preventa en Amazon; su fecha de salida se daría casi un mes después. Rápidamente corrió el rumor de que el gobierno había mandado a comprar todas las copias del libro para que no hubiera ejemplares disponibles.

Eso no fue cierto. Sin embargo, generó mucho morbo en la opinión pública, lo cual, a su vez, provocó que la editorial tuviera que anticipar la fecha de salida: los números de la preventa se habían disparado.

El rumor siempre genera ventas, pero también temor e incertidumbre. Así que, dentro de la estrategia, contemplamos la presentación del libro; gran sorpresa nos llevamos pues el primer lugar contemplado para presentarlo canceló a los pocos días. Entonces acudimos a otro lugar... que hizo lo mismo. Luego fuimos a una librería que, a una semana del evento, también canceló. Finalmente lo presentamos en un foro que nos abrió la puerta de último momento.

Cuando analizamos las razones por las que los lugares terminaron cancelando caímos en cuenta de que se trataba de una autocensura tremenda que tanto empresarios como libreros generaron por el pensamiento colectivo de apoyar el libro más temido por el gobierno: el rumor generado por la opinión pública hizo mella y fue de gran importancia capitalizarlo.

Aquí vale la pena diferenciar entre un libro político y un libro-escándalo (que es el caso de *El rey del cash*). Una de las principales diferencias son las ventas, en cuyo fondo se encuentran las revelaciones que contiene y el fenómeno que genera.

Al estar en la boca de todo el mundo, e impulsado en la actualidad por las redes sociales, con un libro-escándalo hasta aquellos que no son lectores habituales terminan comprándolo, superando así la brecha de los cientos de miles de ejemplares vendidos.

Otro caso de libro-escándalo es el de Karina Yapor con *Revelaciones: Mis amargas experiencias con Gloria Trevi, Sergio Andrade y Mary Boquitas*. En ese caso el libro revelaba a detalle la serie de abusos que los tres personajes en cuestión habían infligido en contra de la autora.

Si con *El rey del cash* se cerraron muchos espacios informativos, con *Revelaciones* abundaron las solicitudes de entrevistas, no solo en el país, sino en todo el continente. Y aún no era la época del boom digital.

A pesar de la apertura —o cerrazón— de los medios de comunicación, un libro-escándalo se abrirá paso por sí solo porque cuando se está en manos de la opinión pública no hay más que hacer salvo estar muy atentos a cada una de las coyunturas que se vayan presentando para reaccionar con rapidez a ellas.

Dado que muchas de las actividades tradicionales para dar a conocer los libros se basan en el *publicity*, es importante explorar y analizar el contexto de los medios de comunicación en cada país. Con la emergencia sanitaria por covid-19, aunado a la aparición de nuevas formas de acceder a la información, el mundo de los medios de comunicación como lo conocíamos se ha ido desdibujando: desde secciones que se hacen más pequeñas hasta medios enteros que desaparecen o cambian de giro informativo.

Con la transformación digital —acelerada por la pandemia— los negocios informativos buscan nuevas formas de sobrevivir. Muchos años atrás las fuentes principales de recomendación se daban no solo por la publicación de entrevistas y de artículos sobre autores y libros, sino que había secciones especializadas de reseñas y recomendaciones de libros. Muchas de estas secciones han desaparecido para dar paso a aquellas que generan mayor interés. Es muy difícil competir con las reseñas en línea y las muy diversas recomendaciones de libros que los mismos lectores colocan en diversas plataformas.

En esa medida también es necesario que las editoriales se replanteen cómo promover sus contenidos. Habrán de analizar la necesidad de ser los responsables de realizar contenido. Los equipos de prensa de las editoriales deberán evolucionar: de ser coordinadores pasar a ser creadores. Habrán de hacer un video, un testimonial, publicar una recomendación en un blog, crear un *white paper* o buscar la manera de que su contenido sea distribuido evaluando todas y cada una de las posibilidades que nos brindan los diversos formatos en la actualidad.

9

EL DINERO SÍ IMPORTA: EL PRESUPUESTO IDEAL DE MARKETING

Bajo el eslogan "Es tiempo de leer" nació en 2016 nuestro primer Maratón de Lectura para celebrar el Día Internacional del Libro y ofrecerle una experiencia a los lectores, autores y libreros en la Ciudad de México.

En aquel entonces, y derivado del estilo de vida acelerado que vivimos en las ciudades, surgieron nuevas tendencias que buscaban apreciar la vida de una forma menos apresurada, como es el caso de los libros de *slow cooking*, *slow traveling* y *slow reading*.

Por otro lado, durante dos años consecutivos, en Penguin Random House Estados Unidos se había realizado —en alianza con la American Library Association— el National Readathon Day. Durante este se lanzaba una convocatoria a nivel nacional para identificar puntos de encuentro donde lectores, autores y libreros se reunían a leer.

Además, se realizaba una colecta de fondos para organizaciones que trabajaban para erradicar el analfabetismo.

La industria del disco, en Estados Unidos, Reino Unido y Europa implementó algo similar: convirtió el 19 de abril en el Record Store Day, un día emblemático en el que se realizaban actividades, descuentos y festivales con el fin de promover las tiendas discográficas y de viniles.

Pues bien, comenzamos con las tareas para hacer realidad el Maratón de Lectura. Durante varios meses buscamos patrocinios para hallar el lugar adecuado donde llevarlo a cabo: queríamos un espacio público que admitiera a muchas personas y que no fuera costoso, pues el presupuesto con el que contábamos era muy limitado.

Después de ir y venir a lugares, y de la cancelación de otros, logramos cerrar una alianza con el Consejo de la Comunicación que, en aquellos momentos, realizaba una fuerte campaña para promover la lectura. Conseguimos la colaboración de la alcaldía Miguel Hidalgo de la Ciudad de México para realizar el maratón en el parque Lincoln, en Polanco.

Para imprimirle mayor fuerza, subimos el maratón a una de las conmemoraciones más importantes del mundo del libro: en 2016 se cumplía el cuarto centenario de la muerte de Shakespeare y de Cervantes.[1]

Invitamos a muchas personas del gremio cultural, político y personalidades artísticas que quisieran acudir, a lo largo del día, a leer fragmentos de la obra de estos dos grandes escritores. Como donativo para entrar al evento les pedimos a los lectores que llevaran un libro y, a cambio de ese libro, la editorial donaría otro. Pusimos un par de contenedores gigantes para recolectarlos y los libros obtenidos se donarían a Save the Children.

Trabajamos muy fuerte en una estrategia integral de promoción. Las relaciones públicas tomarían un papel preponderante, además del boletín de prensa, y elegimos a algunos de los autores que fungirían como embajadores para que invitaran al público general a participar. Asimismo, a través de un amigo que trabajaba en el Auditorio Nacional tuvimos

---

[1] La fecha luctuosa de Cervantes constituye la conmemoración, a nivel mundial, del libro: el 23 de abril es el Día Internacional del Libro.

a bien invitar a algunas celebridades del mundo artístico y cultural del país, como Guillermo Briseño y Cecilia Toussaint. Nuestros autores participaron en programas de radio y televisión, los cuales se difundieron a través de los medios de comunicación.

Más de 30 personalidades se dieron cita el 23 de abril en el parque, y así inició uno de los proyectos que a la fecha sigue vivo. Sin embargo, el trabajo de organizar lecturas, convocar a los autores, artistas y políticos a realizar la producción había sido muy extenuante con resultados poco medibles que no compensaban el esfuerzo humano y económico. El boom digital comenzaba, así que el equipo propuso que lleváramos este evento al terreno digital, y así fue como el siguiente año dejamos el formato físico para migrar al modelo digital.

Lo verdaderamente importante era que ya habíamos inaugurado un proyecto que, a todas luces, fomentaba la participación del gremio entero y, sobre todo, de los lectores y los autores de todos los géneros.

En su versión digital, los retos eran otros, necesitábamos crear una página web donde la experiencia de usuario fuera óptima y lo más sencilla posible, por supuesto que debía además estar adaptada para que la experiencia fuera muy buena en teléfonos inteligentes. Debía contar con muy pocas secciones para enfocar a los lectores en la meta de lograr la mayor cantidad de minutos leídos.

Así como en la edición anterior conmemoramos a Shakespeare y a Cervantes, en esa ocasión elegimos a Roald Dahl por su maravillosa y prolija generación de contenidos para los niños.

El sitio web se conformaba de las siguientes secciones: fragmentos de un libro de Roald Dahl y de los autores participantes, un contador de minutos acumulados, un calendario de actividades del maratón en relación con la celebración del libro, información sobre concursos y las dinámicas con aliados estratégicos; vínculo al Facebook Live, videos de autores leyendo fragmentos de sus obras e, incluso, un espacio para acceder a *ecards* descargables de Roald Dahl.

Necesitamos mucho de la complicidad de los editores para que, además de la obra de Dahl, pudiéramos contar con los capítulos gratuitos de un catálogo curado de libros. Fue también esencial la complicidad de autores y de patrocinadores para asegurar el alcance de la acción, lograr captar la mayor cantidad de lectores en la página web y agregar muchas piezas en video de autores leyendo para celebrar al libro.

Queríamos donarle a Save the Children la mayor cantidad de títulos posible.

Comparados con su edición presencial, los números del proyecto digital fueron abrumadores. En esa edición alcanzamos 105 mil 698 minutos leídos con la respectiva donación de mil 858 títulos, más de 5 mil *leads*, casi 2 mil libros donados, un poco más de 9 mil nuevos followers en Facebook, 2 mil 600 seguidores adicionales en nuestra cuenta de Twitter, al menos 100 mil visitas al sitio web y un millón de personas accedieron al video. En total participaron 37 autores y logramos cerrar siete alianzas con empresas de comunicación, de consumo masivo, educativas y de noticias.

La estrategia se complementó con una serie de actividades internas y una campaña de email marketing de calentamiento, lanzamiento y poslanzamiento.

Todos los activos digitales de la editorial se transformaron en maratón de lectura con el fin de lograr, mediante la unificación del mensaje, mucho impacto y notoriedad en las plataformas. Pedimos a todos los autores participantes que replicaran los contenidos en sus propios activos digitales.

Una ventaja más del maratón de lectura es que muchos lectores encuentran libros que no habían imaginado que existían y terminan comprándolos.

Tácticas y herramientas para vender un libro

Nunca hay dinero que alcance.

En mi experiencia trabajando cada año con presupuestos de marketing puedo confirmar que nunca hay dinero suficiente para todos los libros que son parte de un programa editorial. Así la empresa sea grande o pequeña.

Cada editor tiene la expectativa de que su libro sea promovido; ya no hablemos de las expectativas de autores o agentes literarios.

Los costos de las herramientas promocionales son cada vez más altos y, para lograr el impacto deseado, se debe realizar una serie de técnicas concatenadas y frecuentes para lograr romper la barrera de la conciencia del producto y llegar hasta el boca a oreja.

También se requiere de autores que no solo esperen que la editorial resuelva los temas que refieren a la promoción, sino que ellos mismos participen proactiva y activamente en la estrategia.

> **El marketing es un área difícil de medir, sin embargo, se debe calcular el impacto para optimizar los procesos y desarrollar técnicas eficaces a largo plazo.**

Con todo y el auge de la publicidad digital, que es perfectamente medible, dentro de una estrategia de marketing existen muchas tácticas y herramientas de las que nos valemos para vender un libro. Estamos conscientes de que el marketing es un área difícil de medir, sin embargo, se debe calcular el impacto para optimizar los procesos y desarrollar técnicas eficaces a largo plazo.

Establecer el monto de inversión en marketing

Le llamamos *inversión en marketing* porque, en la medida en la que se asignan recursos para promover un libro el resultado debe impactar directamente en la venta. Es decir, mientras más se invierte en marketing más se vende.

Se le llama también *gastos de marketing* porque todo el dinero que se adjudica a las técnicas de la promoción no se verá recuperado a menos que se logren más ventas.

El director financiero de una editorial me decía que era una inversión mientras el gasto no estuviera facturado y pagado. Y tenía razón.

La inversión de marketing se encuentra dentro de un estado de resultados en el apartado de gastos directos, lo que quiere decir que lo que se gaste impactará directamente en las utilidades.

Dentro de la cantidad de métricas para evaluar el rendimiento de la inversión en marketing se encuentra la de ROMI, llamada también *retorno de la inversión de marketing*. Se trata de la contribución de rentabilidad atribuida a marketing dividida entre la inversión invertida o arriesgada. El término fue acuñado por Guy Powell y James Lenskold.[2]

Rex Briggs introdujo el término *retorno de la inversión en los objetivos de marketing* (ROMO, por sus siglas en inglés) para poner en la mesa la idea de que las campañas de marketing tienen un rango de objetivos donde el retorno en ventas y rentabilidad no es inmediato.

Su fórmula es la siguiente:

Ventas incrementales atribuidas a marketing ($) x Contribución al margen (%) — Gasto en marketing ($) ÷ Gasto de marketing ($)

---

[2] https://www.bsomultimedia.com/bsommedia/es/retorno-de-la-inversion-en-marketing-romi/.

Si el resultado es positivo, quiere decir que se están dando los resultados esperados, pero si es negativo significa que se está gastando en marketing más de lo que aporta la campaña.

Hay diversas técnicas para establecer el monto de inversión en marketing anual dentro de una compañía, sin embargo, la que explicaré está en función de la asignación de un porcentaje en relación con la venta neta de la empresa.

Este método, que es de los más comunes, establece que la compañía asigna el porcentaje en función a sus objetivos y dicho porcentaje en marketing no supera, en la mayoría de las compañías, el 7% de la venta neta (lo más común en esta industria es que el porcentaje vaya de un rango de 3.5 a 5% de la venta neta).

Por supuesto que estos son rangos que se establecen para editoriales que tienen un grado normal de crecimiento o están en época de madurez. Cuando una editorial apenas está saliendo al mercado, el porcentaje de inversión en marketing será mucho más grande y, en ocasiones, no puede establecerse en función de la venta neta, pues esta será un número proyectado que se irá consolidando conforme pasen los años.

De ahí que sea necesario alinear los objetivos de la editorial para que, en función de estos, se establezca el presupuesto ideal de marketing.

Recomiendo que cuando se esté haciendo el presupuesto se enumeren en él todos los conceptos que se utilizarán en la inversión de marketing. Una vez que estén todos enlistados se deben agrupar. Por ejemplo: herramientas tecnológicas, eventos, acciones para libros de fondo, acciones para novedades, CRM, comunicación corporativa, etcétera.

Con esto la idea es que se intente proyectar la inversión de marketing que va a realizarse mes a mes en función del porcentaje de la venta neta y, por lo tanto, de los cambios de programación.

También se deben identificar todos los gastos que serán variables y fijos. Esto es relevante porque los variables deben tener un seguimiento muy puntual —por los cambios que realizarás en ellos durante un año—, mientras que los fijos son gastos que no se modifican y que, por lo tanto, habrá que considerarlos en el monto total.

Un ejemplo de un gasto variable podría ser el lanzamiento de un libro. Si ese lanzamiento se recorre de mes, obviamente también lo hará la inversión.

Un gasto fijo puede ser la contratación, por ejemplo, de un SAAS para el rendimiento de tu CRM. Supongamos que se elige Salesforce y que hay que hacer un pago mensual por la suscripción del servicio. Este gasto, pase lo que pase, sucederá cada mes, por lo tanto es fijo. Lo mismo sucede en el caso, por ejemplo, de que se haya pactado un contrato anual publicitario, o de que se tenga contratado un servicio de monitoreo de prensa.

Adicional a estos gastos variables y fijos recomiendo que se tenga una bolsa de dinero para imprevistos. Esta bolsa servirá para tener recursos en aquellos casos que por sorpresa se deban atender: la visita de un autor, haber ganado un premio, aprovechar un espacio de exhibición para algún canal, el fallecimiento de un autor, entre otros.

También recomiendo tener una bolsa más de recursos para libros que explotan. Me refiero a los libros que no se esperaba que se iban a vender muy bien y que de pronto es necesario seguir apoyando.

Una vez que se tiene el monto asignado y la lista agrupada de todos los recursos por invertir recomiendo priorizar. Para hacerlo con éxito es necesario reunirse con el equipo de edición para que juntos definan cuáles son los títulos que recibirán apoyo promocional.

Extender —o no— una campaña

Los equipos de marketing en las editoriales trabajan la promoción en función del plazo que tienen los documentos comerciales. Esto quiere decir que si el plazo de pago de la factura del cliente está a 90 días ese es el margen de tiempo que tiene el mercadólogo para trabajar con el plan de promoción antes de que los libros comiencen su proceso de devolución. Si el libro consiguió quedarse en las mesas o anaqueles, entonces se podrá alargar la campaña.

Debido a la era digital, actualmente vivimos un fenómeno que va de la mano con el *long tail*: que las campañas de promoción se extienden más. Esto debido a que los periodos de venta en línea no son los mismos que los de la venta física. Los recursos humanos que se tienen para activar las técnicas promocionales jugarán a favor —o en contra—, pues nunca serán suficientes y, en el caso de que se necesite extender una campaña, será necesario priorizar cuál, puesto que al extenderla se empalmará con los nuevos lanzamientos que se habrá de atender.

Una vez que se tiene la lista de títulos que se promoverán, la siguiente decisión será asignarles un monto de inversión. Recomiendo que dicho monto se asigne en función de los objetivos de venta proyectados para dicho título. No se puede invertir la misma cantidad de dinero para un libro de 2 mil ejemplares que para uno de 50 mil. Además, porque la distribución será proporcional al número de ejemplares que han sido puestos a disposición de los lectores; intentar alcanzar a más conlleva mayores recursos.

Posteriormente será necesario estar muy atentos a los resultados de la estrategia para que, ya puesta en marcha, se pueda decidir cuándo detener una campaña o cuándo extenderla.

Esta técnica de *smart spending* se refiere a que, en medio de esta voraz competencia por obtener la atención del consumidor, se optimicen de la mejor forma los recursos. Todos los mercadólogos quieren estar seguros de que sus títulos no se perderán en la inmensidad de las masas y de que el retorno de inversión será el más grande.

Así que, además de las decisiones sobre si parar o extender una campaña, será necesario que se decida cuándo probar otros canales, cómo invertir en cada uno y medir si se están logrando —o no— los objetivos esperados a través de la asignación de KPI para cada plan.

El *smart spending* sin medición es imposible de ejecutar. Sin datos tampoco tiene sentido.

Ni mentiras ni milagros

Entre los motivos por los que un autor puede escoger que lo publique una u otra casa editorial se encuentran su aparato promocional y el de distribución. No cumplir con dichas expectativas puede generar mucha frustración y ansiedad.

Existe, naturalmente, un dilema dentro de la empresa, pues todos los autores esperan que se trabaje del mismo modo para promoverlos, sin embargo, los recursos económicos disponibles son limitados.

Si se hiciera un estado de resultados por libro podría notarse que, en la gran mayoría, no hay más que 250 dólares para promoción y que con ese dinero no alcanza para casi nada. Todos los libros que se publican en una casa editorial cuentan ya con el aparato de promoción y distribución que la editorial ha construido a lo largo del tiempo, de modo que eso ya garantiza que un libro que ha sido elegido para publicarse contará con las ventajas de aquello que se construyó, algunos otros libros tendrán más o menos recursos económicos adicionales disponibles. El equipo de marketing y comunicación de una editorial tendrá como objetivo planificar a lo largo del año las acciones de cada uno de los libros nuevos que salen al mercado y de aprovechar los momentos que se irán descubriendo en el tiempo para los libros del fondo editorial.

Para reducir el nivel de frustración que pueda tener un autor lo primero que hay que hacer es alinear expectativas. Ni mentiras ni milagros. Es muy importante que desde el proceso de edición se le explique claramente a un autor qué sí puede esperar de su casa editorial y qué no. Esta, para mí, es una conversación que se debe tener incluso antes de la firma de un contrato, pues ayudará a que los autores tengan claridad sobre las posibilidades de promoción y distribución que su casa editorial podrá ofrecerles.

A pesar de que muchas de las técnicas de promoción son costosas, existen otras que no son tan caras o que tienen la escalabilidad necesaria para poder ser compartidas. Recomiendo solicitar al mercadólogo que genere lo que he llamado *portafolios de promoción*. Estos son el conjunto de actividades que un autor tendrá. Estos portafolios serán más grandes o pequeños en función de las actividades promocionales que hayan sido pactadas en conjunto con el equipo de edición.

> **Es muy importante que desde el proceso de edición se le explique claramente a un autor qué sí puede esperar de su casa editorial y qué no.**

Finalmente, recomiendo que cada mes se le dé seguimiento al presupuesto para que no haya sorpresas al terminar el año. Para ello, dicho seguimiento debe hacerse línea a línea y no de forma general. Anécdotas sobre la falta de seguimiento en los presupuestos —y sus consecuencias— podría contar muchas, pero la más dura fue cuando un *brand manager* invirtió una tercera parte del presupuesto de marketing total del año en un solo libro… Por fortuna ese libro vendió muchísimo y las consecuencias no fueron tan aterradoras, pero sí hubo que ajustar el presupuesto a muchos otros libros que, sin deberla ni temerla, pagaron los platos rotos.

Será natural, también, que existan tensiones entre los departamentos. Por ejemplo, el equipo comercial buscará que buena parte de los recursos se invierta en los canales de distribución, físicos o digitales. También querrá que las campañas creadas para los canales sean atractivas para los clientes. El equipo editorial defenderá que cada uno de sus libros tenga las mejores estrategias promocionales más allá de la expectativa de venta, no en balde han trabajado en cada uno de sus libros para que logren el mejor resultado posible.

Ante esta fuerza generadora de tensión recomiendo que revisen en conjunto cuáles son los objetivos que buscan en común para poder enfocar las estrategias en función de estos y transparentar al máximo los recursos económicos y humanos disponibles.

Es clave, por lo tanto, generar conciencia en los equipos de marketing de que los recursos que les han sido dados son para ser administrados, pero son recursos de toda la organización.

El PPO de marketing no es propiamente de marketing, sino que es un PPO que gestiona marketing, pero que le pertenece a la editorial. En el caso de los autores, no son autores del departamento editorial, son autores de toda la organización y, en el caso de los clientes, pasa lo mismo: no son clientes de ventas, sino de toda la editorial.

Y a las tres áreas es necesario hacerlas conscientes de que autores, clientes y lectores son uno mismo, un triángulo que es necesario atender, nutrir, cuidar, gestionar y hacer crecer entre todos. Finalmente, aceptar la tensión natural que existirá entre áreas: edición y marketing, edición y comercial o marketing y comercial será lo más sano, pues cada área hará con lo que tiene el mejor trabajo posible.

10

EL FUTURO ES AHORA: LA ERA DIGITAL PARA LOS EDITORES

El boom de las redes sociales estaba en todo su apogeo. El número de seguidores de la página de megustaleer.mx en Facebook crecía de manera exponencial. La audiencia preponderante en la comunidad eran mayoritariamente mujeres y de una franja etaria muy baja.

Aunque en megustaleer.mx se difundían libros y autores muy diversos, su tono y voz eran muy genéricos. No lográbamos conectar del todo con una audiencia que para nosotros era muy relevante: se trataba de la audiencia literaria.

Este nicho de lectores asiduos no se identificaba con el código de comunicación que utilizábamos y, por otro lado, las ventas de los sellos literarios eran muy pobres. Necesitábamos urgentemente crear una estrategia para esta audiencia tan exigente.

Así fue como dimos vida al sitio web Langosta Literaria. Este proyecto tuvo como base inicial un sitio web diseñado para cubrir los tres ejes estratégicos que nos habíamos planteado: un blog con las entradas adecuadas para generar conversación y prescripción de títulos para este público objetivo, una sección que incluía un apartado para las librerías literarias que, como factor adicional, ofrecía las fichas de casi mil títulos del catálogo —todas ellas editadas para que sirvieran como referencia para cualquier prescriptor en las librerías— y la posibilidad de que los clientes pudieran realizar los pedidos en línea.

El primer paso fue encontrar el nombre: Langosta Literaria resultó un homenaje a David Foster Wallace por su libro *Hablemos de langostas*. Las secciones de la página mostraban la irreverencia del programa: "Quiénes no somos", "La conjura de los editores", "Té para tres"; "Aviso inoportuno", "Ponte Langosta", "Catálogo" y "Contacto" fueron las primeras que aparecieron. Luego, para complementar, abrimos su cuenta en Facebook y Twitter (ahora X).

Era esencial dar a conocer la plataforma a todos los públicos que interactuarían con ella. Comenzamos con el equipo de ventas de la editorial, los autores y los libreros. A estos últimos los convocamos a un evento en una cantina muy conocida en la colonia Roma; invitamos, además, a algunos de los escritores más relevantes del catálogo.

A partir de ahí, Langosta Literaria ha tenido una evolución tremenda, producto del análisis de cada una de las acciones y del comportamiento en su historia. A los dos años de creada era mucho más visitada por los lectores en general que por los vendedores y libreros, así que la evolución natural era convertirla en una revista en línea.

A la fecha cuenta con más de mil 500 artículos publicados a través de más de 58 colaboradores externos. La Langosta Literaria sirve, incluso, como una plataforma de difusión enfocada a promover el fondo editorial exclusivamente de los sellos literarios mediante campañas que se acompañan con material promocional para los puntos de venta, contenido diferenciado para redes sociales de clientes y sus activos digitales, email marketing, quizzes, memes, además de capacitaciones para librerías, vendedores y alianzas con clubes de lectura.

En 2019 la *brand manager* responsable del proyecto vio la oportunidad para lanzar un podcast de la revista con el objetivo de captar una nueva audiencia. No se había publicado ningún contenido similar, así que la oportunidad estuvo muy bien vista y la apoyamos al máximo.

Dicho podcast pronto llegó a casi 200 mil descargas, y entre sus reconocimientos más destacados tiene el de mejor podcast por Apple Podcast, además de haberse posicionado como referencia en muchas universidades sobre cómo realizar contenido diferenciado. Una muestra adecuada sobre cómo crear una comunidad de lectores.

El mundo y los consumidores se van haciendo más complejos

Como decía Kotler: "El futuro no está por venir. Ya llegó".[1]

El 99.9% de los consumidores de todos los mercados utiliza Google como buscador. Si una empresa, producto o servicio no se encuentra ahí… ¡sencillamente no existe!

Desde que Google tiene el control, resulta natural que sea el puente entre marcas y compradores. Cuando alguien quiere satisfacer un deseo —que puede ser desde información hasta la obtención de un producto o servicio— lo más seguro es que utilice este buscador, el cual responderá a través de su SERP (*search engine results page*).

De tal manera que el *top of mind* en la mercadotecnia tradicional hoy en día es el siguiente: si se quiere que el consumidor tenga a la marca en la cabeza se debe estar en la primera página de Google. El principal objetivo para una marca se resume en estar bien posicionado en las páginas de este gigante.

El segundo buscador de relevancia para el mundo occidental es YouTube (perteneciente a Google), la red social

---

[1] P. Kotler, H. Kartajaya e I. Setiawan, *Marketing 5.0: Technology for Humanity*, John Wiley & Sons, 2021.

que más se asemeja a la televisión, pero con la diferencia de que en ella se puede encontrar todo cuanto se ha llegado a imaginar sin necesidad de ver el contenido que otros han seleccionado previamente. Salvo el algoritmo. Nuestros propios gustos y preferencias.

Conforme el mundo y los consumidores se van haciendo más complejos, otros buscadores —que originalmente no fueron creados como tal— se hacen presentes. Por ejemplo, Amazon está creciendo como el principal buscador de productos en el mundo;[2] si las personas no eligen comprar en Amazon, sí eligieron encontrar una buena descripción de los productos ahí y no solo eso, sino que también lograron encontrar a toda una comunidad de personas que opinan sobre los productos que compraron. Esta es una ventaja que el consumidor aprecia y que es muy relevante para él.

Para las generaciones más jóvenes, TikTok desplaza a YouTube como buscador principal: ahí se informan no solo de lo que acontece, sino que encuentran consejos de una gran variedad de temas: desde cómo maquillarse, cómo resolver ecuaciones; tips de cocina, salud o bienestar. Sin dejar de ser una plataforma de entretenimiento.

Al respecto sobre si abrir una cuenta o no en TikTok me parece que la respuesta natural es que no hay duda de que se debe hacer, TikTok llegará a los dos billones de usuarios en el mundo,[3] sin embargo, la pregunta correcta es cómo mantener a la audiencia de la plataforma con un buen nivel de *engagement*. Y por supuesto, no hay una fórmula mágica, hay que probar y probar y seguir probando, pero lo importante es mantener una presencia activa, darse a la tarea de responder a los comentarios, aprovechar también las audiencias de los

---

[2] https://www.diariolibre.com/planeta/columnistas/2022/10/17/amazon-desplaza-a-google-como-primer-buscador/2111769.

[3] https://www.businessofapps.com/data/tik-tok-statistics/.

ya creadores de contenido en TikTok, como los booktokers, que han creado su audiencia a través de la reseña de un sinfín de libros, subirse a las tendencias de TikTok quizá pueda ser lo más complicado porque exige la producción casi en tiempo real, utilizar los hashtags de las tendencias y *challenges* también es una buena práctica en TikTok, aprovechar la vasta biblioteca de música y sonidos que tiene la plataforma, así como utilizar de forma clara los CTA (*call to action*) como invitar a los usuarios a ser parte de la conversación, pedirles que dejen sus comentarios, comentar los videos. La regla de los tres segundos de TikTok dice que los primeros tres segundos deben ser lo suficientemente interesantes para evitar que los usuarios se vayan a otro contenido, así mismo el algoritmo premiará a aquellos videos que lograron captar la atención de los usuarios por más de tres segundos recomendándolos a otros usuarios con el ya clásico más videos "para ti".

Así que es ideal comenzar a entender cómo funciona esta red social no solo por la cantidad de personas que han descargado la app en todo el mundo, sino por la edad de los usuarios de TikTok,[4] pues si la editorial se dedica a contenidos para una audiencia de entre los ocho y 25 años esta es la plataforma que hoy usan y también una de las plataformas de mayor conversión en este rango etario.

En los últimos 10 años las redes sociales han conseguido el efecto *network*. En solo cuestión de minutos cualquier persona existe en internet: subimos contenidos, nos comunicamos con otros, manifestamos un punto de vista, decidimos qué es bueno o malo, apoyamos las causas de otros, etcétera. Es decir, las redes sociales han permitido que los consumidores dejen de ser espectadores y se conviertan en creadores.

Las redes sociales, sin embargo, no hubiesen explotado de ese modo sin la aparición del smartphone, otro gran invento

---

[4] *Idem.*

que logró que el consumidor pudiera conectarse en todos lados. Si bien no fue el primero en existir, el iPhone fue el primer dispositivo que logró poner al mundo en la palma de la mano de cualquier persona con su interfaz táctil y la aparición de la primera tienda de aplicaciones (iTunes).[5]

Las tabletas, a su vez, han logrado exponenciar nuevos modelos de consumo de contenido. Ya no es necesario contar con un cuaderno, puesto que una tableta es suficiente. Esto genera un modelo de datos exclusivo de cada consumidor; la aparición de nuevos dispositivos facilita la adopción de la tecnología y modifica los usos y costumbres.

Es muy común, por ejemplo, que se compren boletos para ir al cine o se haga el súper a través del dispositivo móvil; en cambio, si lo que se quiere es reservar un viaje es mucho más probable que se haga a través de una tableta o de una computadora —portátil o de escritorio.

Una idea adelantada a su tiempo

Era el inicio del audiolibro en formato MP3 que dejaba atrás los CD. Era una cajita que usaba pilas alcalinas y un par de audífonos. Dentro de la caja, en formato MP3, se encontraba el contenido.

Hubo muchos problemas para que los lectores adoptaran el dispositivo porque no era cómodo, en principio, y porque a veces el líquido de las pilas se había derramado y estropeaba el aparatito —sí... decidimos insertar las pilas dentro del aparato en lugar de manejarlas envueltas y por separado—. Una vez que esto pasaba había que tirarlo. En muchas ocasiones los consumidores devolvían el producto.

---

[5] https://geeksroom.com/2012/02/la-historia-de-las-tiendas-de-aplicaciones-moviles/58834/.

Además, la adopción del formato para su exposición en los puntos de venta fue un caos. Hicimos unos muebles grandes para la exhibición del producto que resultaron poco prácticos y estorbosos. Ya ni hablar del espacio que este mueble ocupaba en una librería pequeña... Y, como suele pasar con la tecnología novedosa, los precios eran altísimos.

Después de dos años de pérdidas —fue en 2007 que lanzamos el llamado MBOOK3—, con 20 títulos puestos en el mercado, decidimos renunciar al proyecto en 2009. El concepto era bueno e innovador, pero el consumidor no estaba listo para adoptar este nuevo formato, que además era caro y engorroso.

Una idea adelantada a su tiempo, como hemos visto en muchos casos, si no es ejecutada en el momento idóneo suele fracasar. En este caso, una vez que la tecnología evolucionó, el negocio de los audiolibros empezó a crecer a tal grado que hoy basta con tener un smartphone para descargar el contenido y consumirlo.

Lo mismo pasó con las redes sociales. En un inicio los contenidos solían ser estáticos, muy parecidos a los de la publicidad tradicional; los influencers eran de un solo tipo —generalmente macroinfluencers o celebridades que se ceñían a mostrar la relevancia de las marcas— y los contenidos estaban enfocados a la venta de productos.

No existían interacciones entre la marca y su público; las marcas entonces no tenían una voz.

Ahora los contenidos son enriquecidos, se incluyen videos y GIFS, hay una clasificación de influencers —desde los micro hasta los nano— que ayudan a brindar mayor autenticidad a la marca, los contenidos están enfocados en crear una comunidad en torno a la marca y la voz de esta interactúa todo el tiempo con los usuarios. Las marcas conversan con su público y por ello hoy más que nunca es necesario que las marcas determinen su posición en redes sociales. Y es que, más que sitios de contenido, las redes constituyen el lugar donde marcas y consumidores por igual exploran su identidad, construyen comunidades y forjan relaciones.

Es en ese ámbito donde las marcas trascienden a sus productos: son un estilo de vida, son entretenimiento, generan empatía y complicidad.

Por otra parte, los autores se convierten en influencers jugando un papel de gran relevancia porque son líderes de su comunidad, ya que en el momento en que han decidido publicar un libro se convierten en personajes públicos, y aunque muchos de ellos renieguen de las redes sociales es necesario persuadirlos de la relevancia que estas tienen para poder conectar con sus lectores.

A lo largo de este libro he dicho que uno de los activos más importantes que tiene el marketing editorial es generar el encuentro entre un libro y su lector. Ese camino se facilita mucho cuando el autor se ha preocupado por generar y por nutrir a su comunidad de lectores. Esos seguidores que se han logrado a través de la lectura de sus libros son los primeros recomendadores de sus contenidos.

Los autores deben preocuparse por mantener esa comunidad de seguidores a través de diferentes acciones, que pueden realizar en sus distintos canales de comunicación. Por ejemplo, pueden incluir blogs, artículos, reseñas cortas de sus libros —o de los que están leyendo—, generar videos o podcasts, interactuar con sus seguidores, responder a los comentarios, participar en las discusiones. Esto genera compromiso con ellos.

Se trata de comunicar con congruencia y autenticidad. A los lectores les encanta saber cómo ha sido el proceso de escritura y recibir consejos. Cuando un autor comparte sus experiencias, sus consejos de escritura o cómo ha logrado superar sus bloqueos creativos, contar sobre los éxitos, pero también sobre los fracasos, los acerca más a su comunidad porque la relación se vuelve más íntima, más cercana. Esa cercanía luego se traslada al terreno físico, cuando el autor realiza eventos públicos, talleres o cualquier otra actividad en librerías o en instituciones. Así pues, la comunidad de lectores va a responder y acompañará al autor en sus eventos públicos.

Muchas veces nos encontramos con autores muy frustrados porque no llegó gente a sus eventos y toda la responsabilidad de este fracaso es trasladada a la editorial. Las editoriales suelen asumir esa "culpa". Si asumir esa culpa ayudara a arreglar el entuerto sería bueno, pero no es así. Si no se generan corresponsabilidades, no habrá cambio, es decir, la editorial habrá de ajustar lo que debe para generar una mejor promoción y el autor ha de participar activamente en la difusión de sus actividades.

Nuevas tecnologías y consumo a corto plazo

Desde el marketing de una editorial se tiene el desafío de seguir al consumidor en todo el recorrido que este hace a través de su *customer journey*; de entender cómo interactúa en su día a día con todos los dispositivos y plataformas que están a su alcance. Esto con el fin de saber, con la mayor especificidad posible, cuáles son sus puntos de contacto de relevancia.

En la actualidad como consumidores utilizamos multidispositivos: teléfonos inteligentes, tabletas, laptops y desktops, dispositivos de lectura, entre otros. Y somos multitareas: a la vez que estamos escuchando un podcast, estamos respondiendo un email o leyendo y chateando con amigos.

Dejamos de ser acumuladores de entretenimiento para consumirlo cuando y donde queremos a través de diversas plataformas —gratuitas o de suscripción, como Netflix, HBO, Spotify o Apple Music; incluidas las llamadas OTT (*over the top*, por sus siglas en inglés): los servicios de libre transmisión, plataformas que emiten contenido a través de internet y que "pasan por encima" de un proveedor.

No pensamos ya en el largo plazo; la tecnología nos ha permitido hacer cambios en el consumo porque lo hacemos más a corto plazo: se comparte el auto con otras personas —en Uber—, no es necesario comprar una casa en la playa, sino que puede rentarse una habitación —a través de Airbnb— y se vive en un departamento o casa con varios amigos —como *roomies*.

La economía del compartir cada vez es más natural. Nos llevó tiempo comprender que todos tenemos activos que compramos y subutilizamos, que la ropa de segundo uso es más barata, que rentar un vestido para una fiesta resulta más eficiente —e incluso es mejor para el cuidado del planeta— al igual que suscribirte a un servicio de contenidos para tener acceso a ellos cuando y donde se quiera. Llenar la casa de productos es inviable cuando hoy en día los espacios de vivienda son mucho más reducidos —y eso también es mejor para el cuidado del planeta.

Herbert Marshall McLuhan lo vaticinó 20 años antes de su llegada:[6] "Una computadora como instrumento de investigación y comunicación será capaz de aumentar la recuperación de información, hacer obsoleta la organización masiva de las bibliotecas, recuperar la función enciclopédica del individuo y transformarla en una línea privada de comercializables rápidamente personalizados".[7]

Conforme la era digital evoluciona, van apareciendo nuevas ideas, conceptos y tecnologías: cada una de estas es tan

---

[6] https://www.bbc.com/mundo/noticias40681655#:~:text=Dos%20d%C3%A9cadas%20antes%20de%20que,%2C%20y%20no%20como%20medio%22.

[7] Según la BBC, su visión descrita en su obra más aclamada —*La galaxia Gutenberg* (1962)— y su frase más célebre —"El medio es el mensaje"— le harían pasar a la historia como un visionario de internet.

grande que parece un mundo en sí mismo. Lo importante es entender que todas son piezas de un rompecabezas y que cuando se integran hacen algo mejor.

No se trata, entonces, de dejar de hacer marketing tradicional y sustituirlo por el digital, sino de tomar lo mejor de ambos mundos para hacer grandes cosas.

Ya se acabó la era de dirigir y controlar para dar paso a la de conectar y colaborar. En este nuevo entorno no se sabe si alguien cambiará nuestro mensaje y hará un meme a partir de él; o quizá un influencer nos mencione y las ventas se vayan al cielo. O viceversa.

> **Conforme la era digital evoluciona, van apareciendo nuevas ideas, conceptos y tecnologías: cada una de estas es tan grande que parece mundo en sí mismo. Lo importante entender que todas son piezas de un rompecabezas y que cuando se integran hacen algo mejor.**

El arte de cautivar audiencias en la virtualidad

Antes los límites estaban muy claros: el producto, la plaza, el precio y la promoción. De ahí nos disponíamos a combinar las pes de la promoción para lograr una ventaja competitiva. Todo estaba "delimitado" y, de alguna manera, se podía "controlar", pero lo cierto es que la vertiginosa evolución de las pes a las es nos llevó a dar un giro completo en la estrategia.

Ahora la principal característica del marketing para editores en la era digital es que la mezcla de marketing pierde sus bordes y nos enfrenta a una mezcla más gaseosa. Todo está en la nube y parece que pocas cosas se pueden controlar.

El e-consumidor (experiencia) ya no se conforma con el libro *per se*: quiere que, además, su compra sea toda una experiencia. Y, por supuesto, una experiencia buena.

Querrá que, en caso de que se le venda por internet, se le ofrezcan varias garantías de que está eligiendo correctamente; o que, si se tiene una tienda física, la experiencia de acudir al punto de venta sea óptima. No solo en términos de encontrar el libro que busca, sino de no tener problemas a la hora de ser atendido o a la hora de pagar o a la hora de devolver un libro defectuoso.

En cuanto al e-precio ahora se tiene acceso a formatos comparables y transparentes. Existen muchas herramientas de comparadores genéricos o específicos de una categoría o geolocalizados. A través de muchas aplicaciones se puede acceder al precio más bajo del mundo.

Muchos modelos de precio están basados en oferta y demanda, como los modelos de subasta online: Adwords de Google o el modelo eBay son claros ejemplos. Los lectores podrán acceder al precio más bajo de los libros y además adquirirlos, si lo quieren, en otro idioma.

Antes de internet se trabajaba, mediante la publicidad tradicional, a través de la compra de espacios, de pauta en medios impresos o electrónicos; se bombardeaba a los consumidores con comerciales o páginas publicitarias.

La clave para obtener la mayor cantidad de impactos estaba en la posición del anuncio y en la frecuencia con la que era posible exponerlo. Se desperdiciaban muchos esfuerzos, impactos y recursos económicos en la publicidad.

En el universo de la e-comunicación nos enfocamos en que sea la propia persona la que decida a qué exponerse publicitariamente. Y no es solo que ella lo decida, sino que a través de la *cookie* y su IP sus hábitos de navegación en internet harán que el anuncio le llegue de manera directa e inmediata. Conforme las personas buscan los libros que necesitan, estos van llegando a ellas como cualquier producto o servicio. Son los consumidores quienes tienen el control de sus necesidades.

Se pasó de hacer publicidad a construir el *top of mind awareness*, el cual apuesta todo a la encontrabilidad y también a la visibilidad. Es decir, al "necesito que me encuentren a mí" (esa es la razón de por qué hoy, para cualquier editorial, es sencillamente obligatorio aparecer en los primeros resultados de las páginas de Google).

Por otra parte, hablar de e-plaza es hablar de desintermediación: si hoy se quieren comprar unas cebollas se puede ir al supermercado o elegir comprar directamente al agricultor.

En un mundo donde cada vez vivimos o exigimos tener todo en tiempo real los modelos de *e-commerce* a veces no son más baratos, sino más rápidos.

El efecto ROPO[8] (*research online / purchase offline*), que significa buscar en línea para comprar en una tienda física, es lo más natural y viceversa. Es decir, ver un artículo en la tienda física y comprarlo online porque es mucho más cómodo que llegue a casa en lugar de estar cargando bolsas, pero sobre todo es más cómodo probar el producto a través del uso de la inteligencia artificial para luego estar seguros de haber comprado aquello que se ve bien o sienta bien porque ya se tuvo la experiencia.

Asimismo, cruzar por los canales físicos, web, app o a través de una red social y hacer la compra en cualquiera de ellos es común. A este fenómeno se le denomina *across channels*, y, con la excusa de volver, el cliente quizá compre algo más.

No hace falta acercarse a un vendedor en una librería porque toda la información necesaria sobre un título la encuentras en la web. La mayoría de las veces.

---

[8] https://center.ai/revolutionary-marketing-strategies-how-the-ropo-effect-changes-the-approach-to-advertising/.

Y es que aproximadamente 70% de las decisiones que se toman se hacen porque nos informamos de aquello que queremos comprar en internet. Y no solo eso: nos convencemos de hacerlo porque leímos recomendaciones de personas que no conocemos.

Toda esta información nos lleva a quedar inmersos en el mundo de los datos, conformado por el *marketing automation* y la muy renombrada *big data*.

Funnel o las tiendas lo saben todo (o casi todo) de ti

Es probable que hoy una librería sepa mucho más de ti que tu familia. Como fue el caso de un supermercado, cuando se enteró de que una chica estaba embarazada antes que su propio padre.

La tienda americana Target tenía tiempo perfilando a sus consumidores y encontró que 25 productos analizados conjuntamente permitían hacer predicciones con un buen índice de confianza para identificar mujeres embarazadas y también la fecha prevista de nacimiento.

Un consumidor indignado acudió a una tienda física de Target para quejarse porque la tienda estaba enviando cupones por correo con productos para bebés, cuando su niña era apenas una adolescente. El padre pensaba que la tienda estaba incitando a su hija a quedar embarazada. El responsable de la tienda se disculpó sin más, pero también sin entender muy bien qué había pasado.

Cuando pasados unos días hicieron una llamada al padre para asegurarse de que todo estaba bien, este se disculpó porque, en efecto, su hija estaba embarazada. Y la tienda lo supo antes que él.

Esto de ninguna manera nos lleva a que los objetivos, las estrategias y los planes operacionales desaparezcan, sino que evidencia que, ahora más que nunca, necesitamos tener claridad en el planteamiento de objetivos, estrategias y planes, pues el panorama de posibilidades es mucho más complejo y el reto consiste en sacar el mejor provecho de ambos mundos, pero el desafío más importante de todos es lograr la recomendación de nuestro producto porque hoy más que nunca la opinión de otro, sea un desconocido, un amigo o algún familiar, es mucho más relevante que cualquier anuncio publicitario; esa es la razón de ser del marketing editorial.

Es así como el modelo del *funnel* digital funciona, como un embudo con cuatro pasos o fases a enfrentar: posicionamiento, llevar a la web, llevar a la venta y hacer que regrese.

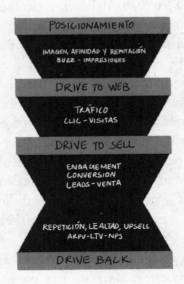

Fuente: Content Marketing Institute.

La gente siempre está detrás de algún dispositivo: TV, smartphone, videojuego, *wearables*, comunidades, sitios, soportes, blogs. La tarea del mercadólogo consiste, entonces, en identificar todas las puertas posibles de acceso a la nube que es internet, con el fin de descubrir en cuáles de ellas habrá lectores potenciales. Debe desarrollar todo tipo de acciones para que hagan clic y vayan al lugar de captación, que puede ser su sitio web, app, redes sociales o tiendas físicas.

La idea es tratar de accionar todos los medios y posibilidades de contacto a su alcance para arrastrar gente de la nube a su espacio.

¿Qué ocurre si esto no se da?, ¿qué herramientas se pueden utilizar? Desde un email, un mensaje instantáneo (SMS), publicidad en buscadores o juegos, recomendaciones de influencers, contenidos en redes sociales, entre un mar de alternativas.

El objetivo es posicionar a la editorial, sello editorial, autor o título en la parte alta del *funnel*, también llamada *upper funnel* o TOFU (*top of the funnel*) y, para ello, se tendrá que luchar contra el ruido que generan otras marcas y tener en claro que se debe conquistar o defender el espacio y que habrá gente hablando mal y bien de la marca.

El desafío está en construir una buena reputación en la parte alta del embudo a través de impactos y de impresiones. Y siempre dejar un punto de contacto.

El siguiente paso es el *drive to web* (llevar a la web). Una vez que conozcan la marca, el mercadólogo querrá que el público vaya a su portal. A través de los clics que los lectores hagan a esta —las llamadas visitas— se generará tráfico.

Sin embargo, muchas llegarán y rebotarán. De hecho, el porcentaje de rebote (*bounce rate*) se conforma de quienes llegan a la web y se van sin hacer nada. ¿Qué se hace en ese caso? Evitar que reboten mediante la creación de *engagement* y luego hacer que se conviertan.

Por lo que el *drive to sell* (llevar a la venta) es el siguiente paso. Convertir es generar una venta, un *lead*, que bien puede ser que el potencial consumidor se apunte a una newsletter o lo que se necesite que el lector haga.

Cuando generamos una venta pretendemos que el lector regrese y compre más. A eso lo llamamos *drive back* (hacer que regrese). En otras palabras, que repita su compra.

Es ahí donde se debe desarrollar una estrategia de lealtad y aprovechar para que el consumidor compre más de lo que ha comprado y finalmente, medir esa acción con las métricas más relevantes en la última parte del embudo, las cuales son: *average revenue per user* (promedio de ingreso por usuario), *lifetime value* (valor de su vida en el tiempo) y *net promoter score* (nivel de satisfacción). La meta, con esto, es que el embudo se convierta en un círculo virtuoso.

Hace algún tiempo, inspirados en un recomendador de libros para una campaña de Navidad, descubrimos que el *insight* entre los lectores era que no querían regalos ostentosos, bastaba con tener un buen libro, así que regalar un libro en Navidad era el mejor regalo que se podía obtener. Decidimos entonces crear el primer recomendador de libros dentro de una estrategia de marketing. Queríamos que a través de que el lector respondiera tres preguntas la plataforma le recomendara algunas opciones para regalar; entre las preguntas que el usuario debía responder era a quién quería regalarle el libro que recomendaríamos. La gran sorpresa fue que después de haber corrido con el tiempo de campaña, los resultados para esa pregunta fueron avasalladores, las personas querían recomendaciones para ellos y para nadie más. Logramos captar una buena cantidad de *leads* para esa estrategia y hasta ahora seguimos recomendándoles lecturas de acuerdo con su perfil. Hoy por hoy el chatbot recomendador de libros de la editorial tiene como principal objetivo recomendar libros para ti, y con la evolución de la tecnología, los algoritmos, vaya, la inteligencia artificial, la recomendación de los libros es mucho más certera para nuestros lectores.

Remarketing: pivotar e iterar

La gran mayoría de usuarios que llegan a una página web irá muy adelantada en el proceso de compra. Si finalmente abandona el carrito, o no deja sus datos, el mercadólogo tendrá que echar a andar su estrategia de remarketing, la cual funcionará de la mano de su CRM para lograr que el usuario lleve a cabo el objetivo que está planteado.

El remarketing consiste en mostrar en otras webs anuncios de *display* a un usuario que anteriormente visitó tu página y que abandonó sin completar una acción. El remarketing es una táctica útil para que los lectores potenciales recuerden la marca y puedan ser recuperados.

Según algunas estadísticas, el abandono de carritos de compra es una realidad que afecta a casi 70% de los comercios electrónicos.[9] Optimizar el proceso del *check-out* solo mejora un 35% y, de entre los motivos más mencionados del por qué los usuarios abandonan los carritos, se encuentra que los costos extra son muy altos (costos de envío, embalaje) o se les solicita el registro para obtener una cuenta, el proceso de *check-out* es muy largo, el precio no es claro o definitivamente no confían en el sitio.

Todo esto parece fácil, pero se debe tener en cuenta la siguiente realidad: cuando alguien entra a internet porque quiere información, lo primero que encuentra es la recomendación que los propios usuarios hacen sobre las marcas, es decir, se muestra el reflejo de su reputación. Por ejemplo, para contactar con nuestros potenciales compradores de libros invertimos en publicidad en línea, pero si tenemos una mala reputación nadie querrá contactarnos. No darán clic en nuestro sitio.

---

[9] https://www.drip.com/blog/cart-abandonment-statistics.

Si, por el contrario, alguien hace clic, nos empieza a conocer y considera adecuada la usabilidad de nuestra web, el surtido, el stock, seguramente el usuario comprará un libro. Es en este punto que surge la experiencia del cierre de la venta, la cual no se hará hasta que el lector haya pagado y se le haya entregado su libro. Sobra decir que si la experiencia es positiva sumará a una buena reputación.

De ese modo nos habremos hecho de la dirección de la persona y se podrá contactar directamente para lograr saber más sobre ella. Contar con más información de cada uno de los lectores servirá para encontrar patrones de comportamiento y consumo que, finalmente, volverán mucho más eficiente la hora de seleccionar los segmentos a los que se van a dirigir los esfuerzos publicitarios, lo que en el mundo digital se llama *optimización de campañas.*

Cuando no se tiene claro cuál es la audiencia, se podrán hacer suposiciones, comprar palabras de Google y, aunque no se tenga la certeza de estar dirigiendo correctamente el esfuerzo publicitario, quizá alguien dé clic al anuncio y, una vez que lo haya hecho, se obtendrán sus datos y se aprenderá de estos.

Entre otras cosas, se sabrá qué páginas visita la audiencia, cuánto tiempo tarda en estas, qué le interesa, para así poder optimizar la estrategia. Poco a poco se irán modelando los datos para continuar con la tarea de segmentación y se irá enviando, según los segmentos, la información que a cada cual le interese.

Se podrá saber lo que el conjunto de personas piensa sobre la marca, el origen del tráfico, sus patrones de navegación, y así también se podrá optimizar la web o app con el fin de estar en una continua evolución: a través de la prueba y error, de pivotar y de iterar.

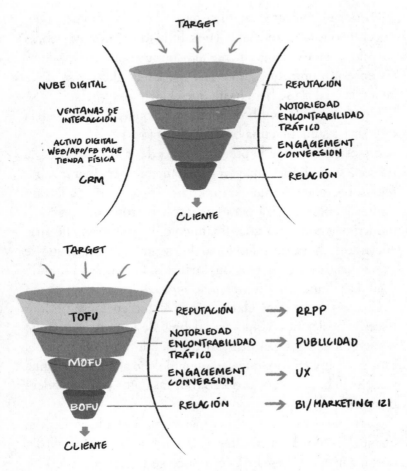

Como ya vimos, la parte alta del embudo es conocida como TOFU. En esta área se trabaja con la creación de conciencia. Aquí es donde la imagen, la reputación y la afinidad a la marca son relevantes. Todo lo que la editorial construye a partir de su comportamiento diario hará que los lectores se conviertan en detractores o defensores de la misma. (Y de ahí que resulte muy relevante, insisto, que se trabaje con una buena estrategia de mezcla promocional.)

La parte media del *funnel* (denominada MOFU, *middle of the funnel*) es el lugar donde se llevarán a cabo todas las actividades encaminadas a que los lectores en verdad consideren los libros que se ofrecen para, finalmente, convertirlos. Eso quiere decir que realicen la compra o que dejen el *lead* que solicitaste.

Es en el nivel de consideración donde la labor será la de generar tráfico para vender, captar *leads* y atraer posibles lectores interesados en los libros o autores. Un *lead* es una persona que ha mostrado interés en los libros o en el servicio que se ofrece alrededor de esto. Comúnmente esta persona deja sus datos, los cuales son registrados en una base de datos para después poder interactuar con ellos.

Se debe tener en consideración que, para que sea posible interaccionar con un *lead*, es necesario contar con su autorización a través del consentimiento de la política de privacidad, que se regula de formas distintas en cada país.

Así, la labor del equipo de marketing será encontrar *leads* calificados. Una forma muy clara de obtenerlos es a partir de los registros de las ferias del libro, presentaciones o en los diferentes eventos a los que acuden los lectores.

Vale la pena considerar que asistir a un evento de libros demuestra de por sí su interés, aunque aún no compren. De ahí que se intente obtener la mayor cantidad de datos posibles de ese *lead* para que se convierta, es decir: para que compre.[10]

---

[10] En la virtualidad, si una persona visita una página web se puede obtener un registro de sus actividades a través de las *cookies*. Estas son un pedazo de código que está en el navegador y con el que podremos rastrear las actividades de una persona durante su sesión en internet. Si una persona está navegando en Chrome, por ejemplo, tendrá una *cookie* diferente a la que se generará si decide navegar por FireFox. Estas personas de las que se tenga registro podrán luego trabajarse en el remarketing, pero también podrá impactarse a través de mensajes para que se registren a una promoción o a un descuento. Se convertirán en *leads* calificados cuando se tenga el registro de su intención de compra o cuando haya comprado ya. Y este registro será calificado porque se trata de una persona que ya compró, por lo cual se podrá inferir que lee y deja de ser un simple contacto.

Esta etapa de la consideración se trata, entonces, de lograr que los lectores se inspiren y conecten emocionalmente con el objetivo de construir una lealtad y que luego estos se conviertan en defensores de la marca, compren libros, recomienden y finalmente se haya creado una comunidad.

La conversión es la parte baja del embudo y se le llama BOFU (*bottom of the funnel*). Cuando por fin el lector o comprador de libros llegó aquí es porque se ha realizado casi 90% del trabajo.

Con el fin de mejorar la tasa de conversión se pueden llevar a cabo diferentes acciones: desde ofrecer el envío gratis, un periodo de prueba si se tiene un servicio de streaming o diversos servicios de soporte o recomendación de libros; también agregar reseñas de otros usuarios sobre los libros, entre otros.

Todas las actividades que se lleven a cabo a través del embudo deberán ser consistentes, integradas, medibles y con una orientación clara hacia la experiencia positiva mediante el celular. La llamada *mobile first*. ¿Por qué *mobile first* (en español "primero el teléfono móvil")? Porque la penetración de teléfonos inteligentes en el mundo del consumo de contenido y de la compra de productos y servicios ha llegado a números insospechados y la mayoría de esas transacciones se hace a través del teléfono móvil.

Primero el móvil

El teléfono móvil le permite al consumidor ubicuidad y disponibilidad las 24 horas del día, los siete días de la semana. Es la entrada a cualquier servicio, ya sea para comprar, consultar, buscar, crear contenido o lo que sea de manera inmediata y simple en todo el mundo.

En dicho escenario, si la penetración del teléfono móvil es tan importante en la vida de las personas, vale la pena hacerse las siguientes preguntas:

- ¿Qué porcentaje de tu negocio viene del teléfono móvil?
- ¿El teléfono móvil forma parte de tus indicadores de negocio?
- ¿El teléfono móvil forma parte de tu estrategia omnicanal?
- ¿Cómo integrar la movilidad?

El 87% de los momentos digitales sucede en el móvil, por lo que recomiendo que los activos digitales tengan un diseño *mobile first*,[11] que se simplifiquen al máximo todas las operaciones móviles, que se envíen notificaciones en los momentos adecuados, que se utilice el *tracking* de geolocalización, que las promociones estén alineadas con las tendencias y que se enfoquen en los KPI móviles y en cómo optimizarlos.[12]

Y es que con el mundo de la telefonía celular entramos al mundo paralelo de las aplicaciones. En el mercado ya existen miles de aplicaciones relacionadas con los contenidos y la lectura que compiten con otras miles de aplicaciones de

---

[11] Esto quiere decir que se pueda ver bien, navegar bien y se puedan hacer transacciones correctamente desde cualquier teléfono celular.

[12] No es extraño recibir una notificación de Netflix previo al fin de semana recomendándote un producto de tu interés, o que Petco mande una notificación de un cupón para el baño del perro justo en el día y horario indicados.

diversa índole: fitness, educativas, de juegos, recetas, finanzas, entre otras.

Tanto iOS —desarrollada por Apple— y Android —que desarrolló Google— tienen sus propias tiendas de aplicaciones: Apple Store y Google Play Store, respectivamente. Este mercado es sumamente competitivo y en caso de que se desee adentrarse a ese mundo se debe considerar que se necesita mucho dinero para lograr que los usuarios descarguen una aplicación. También se necesitarán recursos para mantenerla constantemente actualizada y ante el creciente aumento de las mismas, es un desafío lograr diferenciarse a través de una propuesta de valor.

Porque simplificar la complejidad es el axioma a perseguir en cualquier activo digital.

CRM: mucho más allá de una estrategia de remarketing

Hacer remarketing para ir a buscar al consumidor es muy importante, pero la construcción de un CRM va mucho más allá de una estrategia de remarketing. Se trata de la herramienta que ayudará a construir la relación con los lectores.

El CRM —o marketing relacional— se basa en construir relaciones con el cliente a partir de la experiencia. Su objetivo consiste en mantener las relaciones con los posibles compradores y con los que ya lo son durante todas las fases del embudo.

El CRM irá de la mano con la estrategia digital, tanto como si se tiene una página web de venta directa al público como si no. En el caso de que no, servirá para contactar a las personas de las que se tiene su información para persuadirlas de que adquieran los libros en cualquiera de los canales de venta, pero si se ha decidido incursionar en la venta directa a través de cualquier instrumento —ya sea un teléfono, chat, redes sociales o activos digitales, como apps o webs— nutrir y mantener un CRM será crítico en la estrategia.

Porque entre muchas otras cosas, un CRM permitirá unificar la experiencia multicanal versus la omnicanal del usuario, permitirá que los mensajes sean relevantes y contundentes y ayudará en la tasa de retención de clientes aumentando su ciclo de vida.

Recordemos que uno de los propósitos del CRM es evitar el *churn rate* (la tasa de abandono), alargando los puntos de contacto con los consumidores al automatizar el marketing por eventos, manteniendo una estrategia uno a uno con los consumidores a través de contenido y mensajes disparados en el momento y dependiendo de los eventos.[13]

Por lo tanto, el CRM será una herramienta clave para automatizar las acciones de marketing.

Para evolucionar un CRM se tendrá que ir paso a paso obteniendo, en todos los momentos posibles, información de los lectores. Una vez que se tenga dicha información quizá se comience con el envío de un email de bienvenida para toda la base de datos y, conforme se vaya avanzando, tal vez se pueda personalizar el mensaje según la fuente de la que ha llegado el cliente.[14]

El reto es conseguir la visión única de los lectores. El propósito del CRM es conocer y mantener esas relaciones en todas las fases por las que estén atravesando. Algunas herramientas que permiten automatizar los flujos para entablar las relaciones con el cliente son Mailchimp, Salesforce o Adobe, entre muchas otras.

---

[13] Un evento puede ser que el consumidor abandonó el carrito de compra, otro que asistió a una presentación de libro y dejó sus datos para recibirlo firmado por el autor, y otro evento puede ser el registro para un *meet & greet*.

[14] Por ejemplo, si se obtuvo la información del cliente directamente de la tienda se le enviará un mensaje comentándole que lo están esperando con nuevos libros que ya se están exhibiendo en las mesas de novedades.

> **El conocimiento de los lectores y de
> su comportamiento construye también
> el liderazgo en el mercado, y hará que los
> lectores tengan un mayor entendimiento
> con la empresa y con la marca.**

Es muy importante tener clara la estrategia, mantener el foco en el cliente y aceptar que para la empresa es un cambio cultural. El conocimiento de los lectores y de su comportamiento construye también el liderazgo en el mercado, y hará que los lectores tengan un mayor entendimiento con la empresa y con la marca.

No bastará con solo adquirir la tecnología para hacerlo. Es necesario poner el foco en la estrategia para mantener las relaciones con el cliente adquiriendo conocimiento del mismo.

Por lo tanto, la transformación digital de la compañía empieza con el CRM y afecta a toda la organización.

Proceso de gestión de un CRM

Entre las preguntas clave que vale la pena formularse a la hora de la construcción de un CRM, cuyo objetivo primordial será la satisfacción del cliente, están las siguientes:

- ¿Qué personas van a liderar la estrategia?
- ¿Qué departamentos de la organización recolectan los datos?
- ¿Qué procesos deben mejorar?
- ¿A qué departamentos afecta o impacta?
- ¿Quién y cómo se ejecutará tecnológicamente en CRM?
- ¿Cuáles serán las etapas de ejecución del plan?

- ¿De dónde van a provenir los datos?
- ¿Cómo voy a trabajar el modelo de datos?

El CRM deberá estar presente de manera transversal en todo el proceso de compra, desde darse a conocer y captar visitas, pasando por la venta y hasta el cobro y la entrega. A continuación explico en seis sencillos pasos el proceso de gestión del CRM:

El primero es darse a conocer y desarrollar el plan de captación. Los lectores llegarán por anuncios en buscadores, por email marketing, por programas de afiliación o por anuncios en otros canales.

El segundo es analizar el origen de los datos para establecer las métricas y KPI, como el costo de adquisición, el retorno de inversión o el tiempo de vida del cliente.

En el tercero se analiza cómo se han registrado los clientes: a través de la newsletter, del formulario de registro o porque un producto está agotado y quiere recibir una notificación cuando esté disponible, entre otras.

El cuarto implica analizar la calidad y el comportamiento de la base generada: de los emails enviados cuántos no existen; cuántos se entregaron pero no abrieron el mensaje; de los que abrieron el mensaje cuántos dieron clic a los mensajes que venían en el documento; cuáles se dieron de baja o se quejaron por *spam*, etcétera.

El quinto ha de definir las primeras campañas recurrentes con sus respectivas automatizaciones: bienvenida, cómo cualificar la base, generar descuentos de primera compra y generar mensajes de fidelización.

Por último, como sexto paso, se ha de generar un programa de gestión de inactivos: ¿qué hacemos, mandamos menos emails? ¿Intentamos recuperarlos?

Como puede verse, adentrarse en la gestión de un CRM es crítico en la transformación digital. Encontrar personas capaces para gestionarlos también se vuelve fundamental, pues se establece un canal directo con los consumidores donde se transmitirá, mediante su comportamiento, parte de la filosofía y los valores de la editorial.

El nuevo proceso de compra del consumidor: CRM e inteligencia artificial

Mientras muchas empresas aún se plantean su incursión al mundo del CRM, hay otras que ya se encuentran trabajando en la integración de la inteligencia artificial (IA) a sus CRM.

Me temo que en algunos años el concepto de CRM sin IA será obsoleto. No solo por la llegada de la IA, sino porque con un mundo sin *cookies* —como ya anunció Google—[15] la IA mezclada con el CRM será fundamental para impactar de forma correcta en los consumidores.

La IA integrada a los CRM permite, por ejemplo, analizar las conversaciones de los clientes para identificar sus estados de ánimo y generar así mensajes que tengan sentido. Es decir, se medirá el rendimiento de las ventas y las áreas de oportunidad en el servicio al cliente por el análisis de palabras y situaciones, entre muchos otros aspectos.

De acuerdo con la más reciente investigación que publicó el equipo de Google,[16] el proceso de la toma de decisión del consumidor antes de la compra se ha vuelto muy complejo. Entre sus conclusiones, precisa que el proceso ha dejado de ser lineal y que es desordenado y muy distinto según las

---

[15] https://hipertextual.com/2024/01/google-chrome-al-fin-comienza-a-bloquear-las-cookies-de-terceros.

[16] https://www.thinkwithgoogle.com/intl/es-419/insights/recorrido-del-consumidor/como-es-el-complejo-proceso-de-toma-de-decisiones-de-los-consumidores-durante-el-recorrido-de-compra/.

características de los diversos consumidores y de los puntos de contacto a los que están expuestos.

Las personas buscan información sobre productos y marcas de una categoría y luego sopesan todas las opciones. Esto se lleva a cabo a través de dos modos mentales diferentes: la exploración, que es una actividad expansiva, y la evaluación, una actividad restrictiva.

Cualquier acción que una persona realice en una amplia variedad de fuentes en línea —como motores de búsqueda, redes sociales, agregadores y sitios web de reseñas— se clasifica en alguno de los dos. Y este ciclo se repetirá las veces que sean necesarias para tomar la decisión de compra.

Nunca antes había sido más difícil distinguir cuál es el proceso de compra de los actuales consumidores. Ahora parece más una maraña con una cantidad indescriptible de puntos de encuentro. Para nuestro caso, a la hora de decidir cómo, cuándo y dónde comprar un libro los lectores rompen con la teoría de pensar que la decisión es lineal. No, no lo es. Además, las búsquedas relacionadas entre "mejor" y "barato" han cambiado muchísimo: las personas buscan más "lo mejor".

Estos estudios también hacen hincapié en que existen dos modelos mentales diferentes a la hora de tomar decisiones: la exploración como una actividad expansiva y la evaluación como una reduccionista. Los usuarios recorren estos dos modos idénticos y lo repiten cuantas veces sea necesario hasta tomar una decisión. Finalmente indican que hay seis sesgos que influyen a la hora de tomar decisiones.

El primero es el descubrimiento de la categoría. Se recomienda que se hagan descripciones breves de las especificaciones clave de los productos; esto puede simplificar las decisiones de compra.

En segundo lugar se menciona la prueba social, pues las recomendaciones y las reseñas de otras personas pueden ser muy persuasivas.

Lo mismo sucede con el sesgo de autoridad, que se refiere al tercer lugar, al poder de lo que digan los expertos, sitios oficiales o las fuentes confiables.

El cuarto es el poder de lo gratuito; percibir que por el importe pagado hay algo más. Un obsequio que acompaña una compra, incluso si no tiene relación con ella, puede ser un importante factor motivador.

En contraste, el quinto es el sesgo de la escasez que se enfoca en desarrollar sensación de urgencia, de que si no se compra en el momento el producto se va a agotar. En la medida en que se reduce el stock o la disponibilidad de un producto, más deseado se vuelve.

El sexto, que se debe tener muy en cuenta siempre, es el poder del ahora. Se basa en la gran característica de internet de que todo sucede en tiempo real y, por lo tanto, mientras más tiempo haya que esperar por un producto, más se va a debilitar la necesidad y la acción de compra.

Así pues, el gran desafío para las marcas será el de proveer al consumidor de aquellos elementos que le brinden tranquilidad y certeza con el fin de que la propuesta de valor que se brinde sea atractiva; a la vez que hay que asegurarse de que la marca se encuentre siempre en los primeros resultados de búsqueda.

Otro de los conceptos que Google ha puesto sobre la mesa es el "momento cero de la verdad" (*zero moment of truth* o ZMOT). Esto es: el momento en que el consumidor toma decisiones en línea. El antecedente de este concepto surge en la década de 1990, cuando Procter & Gamble definió dos conceptos clave de la mercadotecnia para entender el proceso de compra del consumidor.[17]

---

[17] https://www.linkedin.com/pulse/first-moment-truth-fmot-impact-repeat-purchases-sizes-lam-choong-wai.

Uno de ellos era el primer momento de la verdad (*first moment of truth* o FMOT), que se producía cuando el consumidor se encontraba con el producto en una tienda física y decidía comprarlo. El segundo momento de la verdad (SMOT) era cuando el consumidor usaba el producto y estaba satisfecho con él.

Google innovó estos dos conceptos al crear un momento previo al primer momento. Lo definió como el momento cero de la verdad, el cual apunta al periodo en el que los consumidores suelen informarse en internet sobre los productos y servicios, los comparan y revisan las reseñas y calificaciones antes de tomar la decisión de compra.

El ZMOT supone un reto para las ventas de todos los sectores porque los vendedores se encuentran cada vez más con usuarios y consumidores mejor informados —incluso, en múltiples ocasiones, mucho mejor informados que los propios vendedores en piso de venta—. Este hecho implica un desafío mayor para la mercadotecnia, pues ya no solo se trata de conocer el producto, sino también de crear una experiencia definitivamente interesante en torno a este primer encuentro.

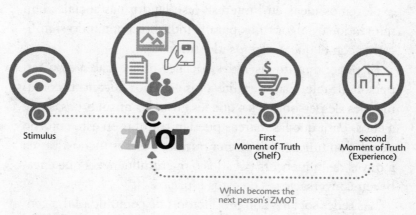

Fuente: Google.

Donde las historias se entrelazan y se forjan las conexiones

Las imágenes retocadas son cosas del pasado. Hoy nos presentamos tal y como somos, con nuestras virtudes y defectos, con nuestra luz y oscuridad.

Las redes sociales se han vuelto un lugar donde todo el mundo —incluyendo las marcas— puede expresarse de la forma más auténtica y genuina posible.

La transición de contenido aspiracional a contenido puro se presta bien a la necesidad creciente de conversaciones reales sobre temas como imagen corporal, disparidades raciales y cambio climático.

Buscamos marcas, influencers y autores influencers que lleven la batuta de esas conversaciones; queremos que tomen postura, que resalten historias y que generen impacto. Cuando estos esfuerzos son visibles, el público se siente más inspirado a ser el defensor leal de una marca.

Las redes sociales también tienden a la personalización. Los *feeds* de nuestras redes son cada vez más únicos e inmediatos que nunca. Ya sea que veamos videos en TikTok o exploremos ideas en Pinterest, las plataformas sociales han reforzado sus algoritmos para brindarnos contenido significativo con el que podamos identificarnos.

El panorama de las redes sociales nunca había sido tan personalizable. Esto permite a los usuarios encontrar comunidades de personas a las que les guste las mismas cosas que a ellos. Para que las marcas puedan triunfar en este entorno deben comunicarse de forma franca con esos nichos, ya sea a través de influencers pagados o microinfluencers que encabecen conversaciones en estos espacios.

Las redes sociales son productoras de comunidad. La gente busca contenido de creadores que piensen igual y que le parezcan accesibles. A medida que nuestros *feeds* se vuelven más personalizados, también nos resulta más sencillo identificar comunidades de nichos que comparten intereses similares a los nuestros. En tanto que la pandemia hizo que mucha gente dependiera de los recursos digitales, gran cantidad de internautas encontró un sentido de unidad en grupos de Facebook y comunidades de LinkedIn, TikTok o Instagram, entre otras plataformas.

Nuestra vida digital se está fusionando a gran velocidad con nuestras experiencias en la vida real, lo que hace que construir comunidades digitales —o unirse a ellas— sea más importante que nunca. Conforme las empresas vayan construyendo el metaverso, estas comunidades seguirán prosperando.

Las redes sociales no son un simple espacio publicitario más o un lugar donde pedir a los lectores que lean y compren libros, son más bien un lugar de libre expresión para que la marca interactúe con su público y este se vincule con la marca y se identifique con ella porque tienen muchas cosas en común.

Por todos estos motivos es fundamental que se defina la identidad de la editorial. Las redes sociales le darán la oportunidad de mostrar su personalidad, lo que defiende, piensa, su razón de existir. Cómo se distingue de la competencia.

66

Las redes sociales no son un simple espacio publicitario más o un lugar donde pedir a los lectores que lean y compren libros, son más bien un lugar de libre expresión para que la marca interactúe con su público y este se vincule con la marca y se identifique con ella porque tienen muchas cosas en común.

99

Redes sociales: manual de usuario

En diferentes cursos que he impartido me preguntan constantemente si existe un manual de uso de redes sociales para la industria editorial. Mi respuesta siempre es no, no existe para la industria en específico, pero si se atienden estos dos aspectos se puede cimentar algo parecido.

Vincúlate con tu público. Las redes sociales son un medio de comunicación bidireccional donde la marca puede comprender las necesidades de sus usuarios e involucrarse de manera activa a través del *community management*. Por medio de interacciones sistemáticas la marca puede forjar en redes sociales un grupo de seguidores leales y de gran utilidad en términos de reputación y rentabilidad.

Aprende de tu público. Cuando se usan las redes sociales para calibrar al público, las marcas pueden incorporar esos hallazgos a otros canales publicitarios e iniciativas de desarrollo de productos. Para seguir forjando una marca sólida se tiene que crecer a la par del público. El 85% de los lanzamientos de productos nuevos fracasa porque las marcas no escuchan a sus consumidores y siguen enfocadas en vender algo a través de sus redes sociales en vez de generar vínculos cognitivos y afectivos.

Lo que las marcas quieren comunicar no siempre es lo que los consumidores desean escuchar. Las marcas quieren vender productos a públicos específicos a los que no se dan a la tarea de entender. Los consumidores, a su vez, quieren que las marcas los escuchen en redes sociales.

Hay que tener esto siempre en mente: las marcas quieren publicar el mismo contenido en diversas plataformas para unificar su presencia en ellas y buscan eficiencia creativa en vez de una conexión profunda con el público, mientras que los consumidores consumen el contenido de manera distinta según la plataforma. Quieren que las marcas muestren un lado único de su identidad para mantener el interés en ellas.

Las marcas se van a lo seguro en redes sociales y establecen límites y temen salir de su zona de confort al momento de comunicarse con los consumidores, mientras que el público quiere algo más. Los consumidores esperan que las marcas hagan cosas extrañas, innovadoras o impensables, que se arriesguen a desarrollar una personalidad con quien querrían ellos entablar una amistad.

Sea como sea, lo cierto es que nadie tiene la fórmula mágica en redes sociales. De modo que es necesario experimentar, fracasar y volver a intentar hasta que se encuentre el tono y la voz que se requiere para generar y crear ese vínculo a largo plazo. El consumidor ha cambiado; con el uso de internet somos más sociales que antes, todo lo queremos hoy y rápido, y confiamos más en los amigos y en las comunidades que en las marcas, instituciones y corporaciones.

Hoy se le da mucha mayor credibilidad a lo que dice una sola persona que a cualquier análisis oficial de una empresa. Así de sencillo. Cinco estrellas en una página de *e-commerce* brindarán mayor confianza que un manual de uso.

En este sentido, las empresas editoriales tenemos un compromiso arraigado a nuestro ADN sobre la generación de contenido: tenemos la obligación de generar contenidos para redes sociales de calidad, relevantes y de interés para nuestros lectores. Hacer contenido que no sirva o sea de mala calidad va en contra de nuestros propios cimientos.

La mezcla promocional evoluciona a tres ejes de *engagement*

Así como ha evolucionado el proceso de decisión de compra, también lo ha hecho la mezcla promocional en el marketing de la era digital. Y se reduce a la combinación de tres ejes estratégicos.

Uno de ellos es el llamado *owned media*, que incluye todas las publicaciones y activos digitales propios de la marca, como su sitio web, perfiles de redes sociales, apps, informes anuales, blogs, entre otros.

El otro eje es el *earned media* (o medios ganados). Estos medios se ganan o se convierten en aliados de la marca a través de las relaciones públicas porque pretenden generar boca a oreja o recomendación de otros usuarios.

Hay que tomar en cuenta que no se paga por esto, sino que mediante diversas estrategias se ganan las diferentes menciones y recomendaciones de los libros. Los principales generadores de medios ganados en la industria son los medios de comunicación, influencers, lo publicado en blogs y las publicaciones de nuestros contenidos en las redes sociales de terceros.

El tercer eje es el *paid media*, el cual se refiere a los medios pagados. Aquí sí entran todas las acciones por las que se paga para promover los libros. Por ejemplo: la publicidad, el marketing de afiliación, los influencers que contratas para mencionar o comentar los libros, etcétera.

La combinación de estos tres ejes hará que los esfuerzos promocionales cobren fuerza a la hora de lograr los objetivos. Recordemos que el marketing en la era digital no solo busca influir en las percepciones de los lectores o compradores de libros para ganar su preferencia, sino también pretende acelerar el proceso de compra, o conversión, tras haber ganado en la comparación.

La "cola larga" en la venta de libros

A lo largo de mi experiencia he visto a los equipos de marketing editorial desvivirse por hacer saber los lanzamientos más relevantes de cada mes. Sin embargo, una de las grandes cosas que ha cambiado respecto al marketing tradicional es la forma de promover los títulos, lo cual va en congruencia con el crecimiento de la venta de libros en línea y de la venta del *backlist* con dos factores a destacar: el crecimiento del *long tail* y el hecho de estar presentes en la conversación de los lectores.

El término *long tail* (la "cola larga") fue popularizado por Chris Anderson, quien fuera editor en jefe de la revista *Wired*.[18] Se refiere a productos de nicho que no tienen una gran demanda, pero que, sumados, pueden superar o igualar la venta de aquellos pocos que sí la tienen.

Es un fenómeno que explica los modelos de negocio en línea como Amazon o Netflix, que a través de la venta de catálogos de productos de uno a uno logran obtener los ingresos de aquellos de gran demanda.

La venta en línea de libros y el aumento y la penetración de tiendas como Amazon han significado en muchos mercados el cambio de procesos: desde poner en reimpresiones —quizá digitales— aquellos títulos de baja demanda —pero que deben tener stock—, o sacar una línea de surtido especial en los centros logísticos para atender estos pequeños pedidos, hasta en cambiar los tiempos de los planes promocionales, en muchos casos alargándolos, en otros acortándolos, según se requiera para lograr el encuentro del lector con su libro.

La cola larga, entonces, se vuelve mucho más relevante porque la venta de libros en línea rompe en varios casos con las barreras geográficas para acceder a una gran cantidad de títulos. Asimismo, rompe también con la barrera de espacios físicos para poder exhibir la gran oferta de los amplios catálogos editoriales existentes.

---

[18] Chris Anderson, *The Long Tail: Why the Future of Business Is Selling Less of More*, Hachette Books, 2008.

Con ello, y vendiendo pocas unidades de un gran número de referencias, se pueden tener amplios beneficios.

Un cambio de paradigma

Estar presentes en las conversaciones de los lectores sin duda constituye un cambio de paradigma en la industria del libro.

No es casualidad que hoy en día un influencer mencione un título y en seguida se vea un pico de ventas en él, o que un tema, de la nada, se vuelva tendencia en horas y la gente busque referencias bibliográficas para satisfacer diferentes deseos. La clave está en descubrir si esa tendencia será efímera o si será duradera.

Si es efímera, ojalá se tengan ejemplares distribuidos en los puntos de venta para que puedan venderse bien mientras dura la tendencia, pero si es duradera, permitirá planear de mejor forma para poder, con base en esa tendencia, definir los objetivos, seleccionar los títulos que acompañen al fenómeno, revisar el stock en almacén y en los puntos de venta, examinar si se tiene producto digital que acompañe a la estrategia y así salir finalmente al mercado.

La nostalgia siempre vende y vende muy bien, hace falta ver la cantidad de comunidades que se han creado en torno a ella, incluyendo que de generación en generación siempre hay alguien que osa recordar que la calidad de vida antes era mejor. En un caso en particular, alguien de mi equipo descubrió, a partir de un artículo del *New York Times*,[19] que la nostalgia podía combatir el sentimiento de soledad. Eso nos llevó a reflexionar que en la pandemia de covid-19 se maximizó entre las personas el sentimiento profundo de nostalgia

---

[19] https://www.nytimes.com/2020/07/28/smarter-living/coronavirus-nostalgia.html.

por las cosas del pasado. El artículo cita específicamente a Valentina Stoycheva, una psicóloga clínica especializada en estrés traumático y autora del libro *The Unconscious: Theory, Research, and Clinical Implications*. Y cita: "El trauma nos quita las zonas grises. Divide nuestra línea de tiempo en un antes y un después. Y si bien existe el peligro de crear este anhelo por el antes, cuando las cosas tal vez eran más seguras y cuando éramos inconscientes de todo esto y estábamos protegidos por nuestra ingenuidad, también hay algo en los comportamientos nostálgicos: la moda, la ropa, las películas, la música —que sirven como objeto de transición".

Así que trabajamos en una estrategia de campaña que tenía el propósito de ayudar a las personas a vivir de mejor forma ese periodo de transición; la premisa del mensaje a comunicar en la campaña fue: "Recordar es vivir".

Hicimos una selección, por décadas pasadas, de los lanzamientos de libros más relevantes. Intentamos llegar a diversos públicos apelando a la nostalgia que cada uno pudiera sentir de acuerdo con su década de nacimiento, así pasamos desde los setenta cuando se lanzó *Charlie y el gran ascensor de cristal* de Roald Dahl, los ochenta cuando Laura Esquivel publicó su bestseller *Como agua para chocolate*, los noventa cuando *Harry Potter y la piedra filosofal* de J. K. Rowling fue lanzado al mercado, los dos mil cuando la conmovedora historia de John Boyne *El niño con pijama de rayas* salió a la luz, hasta los dos mil diez, donde el longseller *De animales a dioses* de Yuval Noah Harari era lanzado para hacer historia en la edición. La conversación de los lectores en redes sociales fue increíble, los comentarios que obtuvo la campaña y las ventas fueron destacados.

Durante la pandemia, nuestros colegas en Estados Unidos desarrollaron una campaña llamada #Leerparadormir, dados los casos tan numerosos de insomnio provocados por la crisis sanitaria. De entre las numerosas secuelas que esta dejó hasta nuestros días encontramos en tendencia creciente la preocupación que existe en el mundo por el bien dormir, basta echarse un clavado para ver cuántas aplicaciones y dispositivos para conciliar el sueño aparecen cada año en el mercado;[20] sabemos, por ejemplo, que hay muchos lectores que aman el placer de quedarse dormidos con un libro en la cara o escuchando un audiolibro porque los relaja y se olvidan un poco de su realidad mientras están leyendo. Así que, con una adecuada selección de títulos, iniciamos una campaña titulada Lector nocturno.

Toda la campaña implicó ser congruente con el *insight* descubierto. Por ejemplo, entregamos pijamas con una lámpara nocturna para leer a influencers y autores, acompañamos la estrategia compartiendo tips para mejorar las rutinas del sueño, entre otras acciones. Toda la estrategia de *earned*, *owned* y *paid media* estuvo en concordancia con la campaña.

Descubrir los *insights* que llevarán a una editorial a estar presente en la conversación de los lectores será de gran ayuda para crear una campaña que sea empática con ellos y que por supuesto ayude a crear identidad y ventaja competitiva.

Primero el lector: lectorcentrismo

A lo largo de los capítulos de este libro he hablado de los lectores o compradores de libros como *target*, público objetivo y audiencia, ahora con el objetivo de apoyar en la construcción de saber a quiénes dirigimos nuestros esfuerzos promocionales hablaré del *buyer persona*.

---

[20] https://www.ana.net/magazines/show/id/ana-2022-08-marketing-sleep?s-t3=220812newsstndcsm&utm_source=informz&utm_medium=email&utm_campaign=220812-newsstandnow-csm&_zs=KhCUk1&_zl=gEjV8.

El *buyer persona* describe al público objetivo y es el paso siguiente luego de haber segmentado a la audiencia. A diferencia de otras marcas y de otras industrias, para una empresa editorial esta definición se vuelve más compleja porque se trata de saber especificar quién es el *buyer persona* de cada uno de los libros para el cual se desarrolla un plan promocional, y un libro puede llegar a muchos *buyer persona*; lo recomendable es al menos crear dos para cada libro.

Establece, con base en argumentos, cuál es el cliente ideal para tu marca, a quién quieres atraer para que consuma ese libro, pero sobre todo ¿quién es esa persona?, ¿cómo es?, ¿a qué se dedica?, ¿cuáles son sus necesidades y motivaciones?

A diferencia de lo que se conocía como *target* o público objetivo —que no era sino la mera definición de las variables demográficas del público a quien se dirigían los esfuerzos promocionales—, este *buyer persona* tiene nombre, es más humano, se actualiza constantemente, tiene *hobbies*, está expuesto a cierto tipo de contenidos, le gustan ciertas materias de conocimiento, está casado, soltero o tiene una relación poliamorosa, tiene desafíos, viaja o prefiere estar en casa. Todo un mundo de posibilidades.

Para crear un *buyer persona* se requiere de investigación a través de entrevistas a los clientes actuales y potenciales para describir cómo son, qué hacen, cómo se sienten, sus gustos, preferencias, etc., y de la observación de los mismos. Cuando se tiene, por ejemplo, algún canal de venta directa será mucho más fácil poder realizar la investigación, pero si no se cuenta con un canal directo existen algunas herramientas digitales y plantillas (algunas gratuitas y otras no) que ayudan a perfilarlos, como Make my Persona de Hub-Spot, Audiense, Akoonu, Xtensio User Persona o Inflow Persona User Matrix, entre muchas otras.

Para descubrir las necesidades y los comportamientos de los posibles lectores se puede encontrar, además de las plantillas, un sinnúmero de mapas que incluso mostrarán otro concepto llamado *mapa de empatía*,[21] el cual será una guía muy útil para descubrirlos.

Hacer un mapa de qué hace el *buyer persona* en un día cualquiera, pero que tenga relación con el *customer journey*, será de gran utilidad para maximizar el impacto y la efectividad de las tácticas de promoción de libros.

El camino a la omnicanalidad

Debido a que cada vez es más complejo el *customer journey* existe la clara tendencia en muchas industrias de enfocarse en crear una experiencia multicanal para los consumidores. No obstante, lo que el consumidor exigirá es que le provean de una simple y unificada experiencia a través de todos los canales en los que desee adquirir sus productos.

A lo largo de los últimos años las expectativas de los consumidores se han acrecentado y ahora están empoderados y bastante más conectados a nivel global, tanto con las compañías como consigo mismos.

En términos generales, ahora están mejor informados gracias al acceso a internet, a la venta en línea y a todos los contenidos que se generan en los medios sociales y que muchos de ellos crean también (UGC).[22] Por tanto, son más demandantes porque han redefinido lo que para cada uno de ellos representa el valor.

Los consumidores de hoy también son más colaborativos: saben muy bien lo que desean consumir y cómo lo desean consumir e incluso participan interactivamente en ello,

---

[21] https://www.interaction-design.org/literature/article/empathy-map-why-and-how-to-use-it.

[22] *User generated content*: el contenido generado por los usuarios.

no solo comunicando sus ideas y posturas, sino dialogando proactivamente, opinando positiva y negativamente y generando contenido de valor —como y cuando quieran— mientras se encuentran en cualquier parte.

Por lo tanto, el *customer journey* tampoco es lineal y continuamente pasa por todos los estados del embudo, lo cual crea una evaluación constante del proceso. Los consumidores desean interactuar con las marcas y los fabricantes, yendo de un canal a otro, pasando de la web al centro de atención telefónica o al punto de venta, o a través de la aplicación que descargaron en su teléfono móvil.

El camino hacia la compra es cada vez más accesible, puesto que existe mucho contenido al alcance de la mano. La voz de los demás es cada vez más insistente e influyente y está disponible en cualquier momento, en cualquier lado y puede venir de cualquier parte.

El camino hacia la compra es también continuo porque todos los puntos de contacto a los que los consumidores están expuestos están disponibles siempre, e igualmente los consumidores comparan todo el tiempo la propuesta de valor que les ofrecen versus la entrega de ese mismo valor versus sus expectativas.

Es por todo esto que los consumidores esperan obtener experiencias continuas, integradas, consistentes y personalizadas por parte de quienes les proveen los productos y servicios, en vez de estar atados a las experiencias multicanal que se encuentran llenas de silos con respecto al contacto con los consumidores.

Esperarán, entonces, que las actividades de las marcas estén enfocadas en los consumidores y que incluso puedan tener la misma experiencia en todos los canales. Sí, que sea una experiencia omnicanal por naturaleza.

La *omnicanalidad* es definida, entonces, como un modelo operativo completamente sincronizado y alineado que presenta al consumidor una sola cara de la marca, con un único modelo consistente para hacer negocios. Se trata también de entregarle valor al consumidor a través de cada uno de los puntos de venta por los que estableció contacto, integrados con todos los canales de *social media* con el fin de que el potencial comprador pueda interactuar con la marca como y donde quiera.

La intención es que el consumidor continúe su camino a la compra. Este debe incluir todos los beneficios que pueda obtener en los demás canales: investigación del producto, comparación del producto, procesos de compra y pago, así como acceso a todas las promociones, descuentos y puntos o programas de lealtad adquiridos, independientemente del canal que haya elegido.

La premisa, pues, es simple: conóceme, muéstrame, ya me conoces, permíteme y valórame.

El *customer journey*, o el camino que el consumidor recorrerá hacia la compra, constituye una herramienta imprescindible que desarrollar a la hora de ofrecer los libros porque, justamente, indicará cuáles son los puntos con los que el consumidor va a interactuar antes de adquirir alguno.

Se puede interpretar como un mapa que brindará la información necesaria para comprender los pasos que el lector dará en vías de adquirir un libro. Cada camino es diferente, desde luego, sin embargo se podrán encontrar ciertos patrones que ayudarán a mapear, de la forma más adecuada posible, el trayecto del lector.[23]

Por lo tanto es ideal que, dentro del mapa que se desarrolle, se coloquen también las fases del embudo. Esto con el objetivo de saber y entender cómo impactar al consumidor en cada una de esas fases.

---

[23] Sabemos, por ejemplo, que los sábados y domingos es más común que haya tráfico en las librerías. También sabemos que hay muchos diferentes estimulantes que hacen que los lectores acudan a ellas en la búsqueda de sus libros o que naveguen en una página de venta de libros para adquirirlos.

Un día en la vida del lector: DILO

Elena utiliza su teléfono móvil como despertador para salir a correr todas las mañanas antes de ir a trabajar. Mientras tanto pone su playlist favorita de Spotify. Al regresar prepara su desayuno y mientras lo hace revisa las páginas principales de noticias. Al manejar rumbo al trabajo escucha la radio y antes de comenzar su jornada laboral se distrae revisando sus redes sociales. Cuando toma el almuerzo revisa su Instagram. De regreso a casa vuelve a escuchar la radio y cuando llega prepara la cena mientras revisa la agenda de lo que será su siguiente día. Antes de dormir lee un libro o escucha uno.

El concepto DILO[24] consiste en una herramienta que será de gran ayuda para comprender qué hace la *buyer persona* en un día cualquiera.

Se trata de mapear cómo es un día en la vida del lector; idealmente que sea congruente con el *customer journey*. Porque para cuando se hace este ejercicio ya se sabe quién es la persona a la que se dirigirán los esfuerzos.

Mapear uno de los días de la *buyer persona* permitirá establecer cuáles son los puntos de encuentro con la estrategia publicitaria (si escucha la radio y ahí le recomendaron un libro, o si lo vio en un anuncio en Instagram, etcétera).

Si se sabe que dentro de ese mapa Elena visitará una librería el fin de semana, se deberá saber también dónde, cómo y cuándo programar los estímulos publicitarios para que compre un libro de nuestra editorial.

---

[24] *Day in the life of*, por sus siglas en inglés.

Háblame de lo que me interesa, no de tu marca

Una de las tareas más complicadas del responsable de una campaña promocional es el diseño de la propuesta de valor. Se trata de saber exactamente qué aspectos del libro brindarán valor a los posibles lectores. Existe toda una metodología de *design thinking* que ayudará mucho para saber cómo encontrar el valor de una idea, un libro, un concepto creativo. Seré muy breve, pues debido al boom de las metodologías de *design thinking* para encontrar innovación y transformar con ello los negocios existe mucha bibliografía al respecto.[25]

En el caso de los libros, lo que se suele hacer es, mediante un cuestionario profundo a los lectores, preguntarles dónde están sus *pains* o *gains* (dolores y ganancias / motivaciones) en diversas situaciones. A veces resulta mucho más fácil encontrar la propuesta de valor en títulos de no ficción. Por ejemplo, cuando se lanza un libro sobre meditación versus un thriller. En el caso del libro de no ficción será mucho más fácil entender cómo se comporta el usuario cuando medita, qué es lo que le parece más relevante, cómo se siente antes y después de meditar, qué no le gusta, etcétera, y lo más importante será comparar los resultados de la investigación con el contenido del libro para, entonces, crear una propuesta que le genere valor.

Para el caso del thriller resultará quizá más complicado, pero seguramente se hallarán cuáles son las motivaciones de un lector para leer ese género, qué es lo que más le gusta o disgusta de los diferentes contenidos que ha leído, dónde están sus frustraciones o ilusiones, para crear la propuesta luego de comparar los resultados con el contenido del libro.

Una vez que ya se ha definido la *buyer persona*, su *customer journey*, el DILO y la propuesta de valor, es momento de

---

[25] https://designthinkingsociety.com/.

comenzar a crear contenidos con base en dicha propuesta y comunicarlos de manera eficiente, congruente y consistente.

Suelo recomendar a los miembros de mi equipo que creen una *cebolla de contenido.*[26] Este concepto fue adaptado de Google Onion por Titonet[27] para definir los territorios de comunicación que una marca puede elegir utilizar, y su esquema es el siguiente:

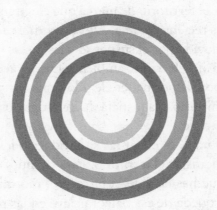

Las preguntas clave que deberán formularse a la hora de llenar cada una de sus capas son: ¿a qué contenidos debería asociar mi marca? ¿Con cuáles plataformas debería trabajar? ¿Qué tipo de contenido me conviene más utilizar?

El posicionamiento de una marca tiene que ver con los atributos que los consumidores relacionan con esta, y los territorios serán las situaciones mediante las que buscamos crear esa asociación (entendida como la editorial, el sello editorial, el autor, el género o el título de tu libro).

Un ejemplo: el caso de Joël Dicker, escritor suizo creador de uno de los grandes bestsellers de los últimos tiempos:

---

[26] Es una estrategia de generación de contenidos que será transversal a todo el plan promocional. Resulta de gran relevancia comprender que a las personas no les interesa que se les venda un producto y servicio, sino que se les entregue valor en la promesa de venta.

[27] https://www.titonet.com/.

La verdad sobre el caso Harry Quebert. El autor está posicionado como uno de los escritores jóvenes de mayor fama internacional, experto en el género policiaco que, además, ha logrado cautivar a millones de lectores en el mundo. También ha sido ganador de múltiples premios y dueño del don de la escritura a muy temprana edad.

Esos atributos son parte del posicionamiento del autor. Sin embargo, el territorio de marca que elegiremos para promover su más reciente novela, *El caso de Alaska Sanders*, será la caza, promovida por el suspenso y las pistas.

En el acto de elección también viene el acto de renuncia, porque podríamos haber elegido otros varios territorios, como los homicidios, la justicia, la investigación criminal, la intriga, el misterio.

La idea, al final, es elegir las situaciones o los lugares que permitan conquistar el territorio. Para después defenderlo.

Una vez que has elegido el territorio, recomiendo que se haga una búsqueda de esa palabra clave en las redes sociales o en diversas plataformas para ver cómo comunican ese territorio otras marcas.

En este caso, la propuesta de valor de cara al lector consistió en instigar al detective astuto e inteligente que el lector lleva dentro. Y es que muchos de los seguidores del género de suspenso, misterio o policiaco juegan a ser mejores detectives que los personajes creados por los autores. Joël Dicker les brinda a sus lectores una oportunidad maravillosa para hacerlo.

Pero volvamos a la cebolla de contenido. El objetivo que persigue es hacer que los contenidos sean relevantes para sus lectores y permitir que estos incrementen su interés por las marcas. La cebolla constituye una pieza estratégica, que será material para el punto de venta, transversal a las redes sociales y a la publicidad digital.

La cebolla consta de cuatro aros: en el central se colocará el producto foco de análisis; en el segundo debemos incluir los productos / servicios complementarios al producto base, o bien aquellos sustitutivos que existan en el mercado; en el aro color coral pondremos las necesidades del *buyer persona* —de un lado los beneficios emocionales y del otro los funcionales—; y, finalmente, el aro gris exterior será donde buscaremos las relaciones de los beneficios que el producto proporciona, así como las posibles situaciones y lugares concretos asociados con los intereses con los que nuestro libro pueda asociarse.

Recomiendo que todos los aros se vayan trabajando en sesiones de *brainstorming* para después hacer un ejercicio de elección versus renuncia, pensando en el *target* al que se dirigirán los contenidos.

Una vez que se haya elegido el territorio se habrá de buscar la *keyword* con la cual se va a comenzar a desarrollar el plan de acción. Recuerda que el consumidor se sentirá mucho más identificado con las marcas que comunican una identidad congruente.

Publicidad digital: el faro que guía hacia experiencias significativas

Una vez que se ha elegido el territorio a trabajar se habrá de ser congruente con él en la estrategia publicitaria.

El vasto universo de la publicidad digital se puede llevar a cabo casi en cualquier plataforma: en las redes sociales, los buscadores, sitios web o apps y, por supuesto, en los podcast y otros formatos digitales.

Podemos hacer uso de un sinnúmero de estrategias para alcanzar al público objetivo. Al igual que en los contenidos, debemos evitar ser intrusivos: 22.3%[28] de las personas que

---

[28] https://backlinko.com/ad-blockers-users.

utilizan un *ad blocker* lo hacen porque los anuncios son irrelevantes y más de 60% de los usuarios de teléfono móvil bajan una aplicación para bloquear los anuncios. Así que debemos tratar de ser siempre relevantes.

Recomiendo que, así como con la selección de contenidos, se revise muy bien cuáles serán los canales y la audiencia a la que querrás llegar con los anuncios y dejar que el algoritmo aprenda y optimice. La maravilla de la publicidad digital es que puede apagarse cuando se decida y eso permite realizar una publicidad más inteligente.

No hará falta que se invierta mucho dinero en la creación de los contenidos. Se habrá de hacer simple, pero relevante. Un buen periodista, por ejemplo, podría ser el responsable del contenido de las marcas. Generar un contenido no es solo publicar videos o banners en las redes sociales. Existe todo un mundo por explorar: hay noticias, artículos, blogs, infografías, imágenes, tutoriales, *whitepapers*, ebooks cortos, estudios de mercado, testimonios, casos de éxito, promociones, ofertas, *newsletters* y muchos más.

Cada red social cuenta con sus formatos y cada una, a través de las guías publicitarias, brinda consejos de cómo optimizar los anuncios y las campañas. Es posible analizar cuáles son los formatos de mayor eficiencia.

El video es, sin duda, el formato más privilegiado y el que cuenta con el mayor número de impresiones y de clics. (El alcance implica el número de personas que vieron el anuncio, mientras que las impresiones refieren al número de veces que las personas alcanzadas han visto el contenido).

El CTR (*clic through rate*) es la métrica, calculada en porcentaje, que indica la cantidad de clics que ha recibido un anuncio en relación con el número de impresiones. Por ejemplo, si el contenido tuvo cinco clics y 100 impresiones, entonces el CTR sería de 5%. Esta tasa será un indicador clave a la hora de definir las campañas publicitarias.

Recomiendo que se haga un *benchmark* del CTR y de las diferentes métricas, pues si se comparan los resultados con los de la industria o el área de competencia se podrá saber cómo mejorar y optimizar el rendimiento.

Por último, no podría cerrar este capítulo sin haber hablado del SEO y del SEM. El *search engine optimization* (SEO) es el proceso de mejorar la visibilidad de los sitios web a través de resultados orgánicos en los buscadores. Como lo he reiterado: si no estás en la primera página de Google, no estás en ningún lado.

Hay varias estrategias que ayudarán a que Google califique mejor tu sitio mediante su tasa de calidad, las cuales se enfocan, básicamente, en lo amigable que pueda ser tu página, en la buena reputación que tiene tu activo digital y en la transparencia, es decir, la fuente generadora del contenido.

Generar una estrategia de SEO eficiente es algo que se construye con el tiempo. Se apoya en terceros cuando, por ejemplo, estos publican entradas en sus blogs sobre nuestra página o contenido, o cuando otros medios de comunicación enlazan un link con la información de nuestro sitio.[29]

En el caso del *search engine marketing* (SEM), este se refiere a los anuncios patrocinados que aparecen en las primeras páginas de Google. Como en todo, a través de Google Analytics se podrán medir todas las acciones referidas a los grupos de anuncios o a las campañas de palabras clave.

---

[29] Para saber un poco más acerca de cómo mejorar tu estrategia SEO, Google tiene a tu disposición un documento de un poco menos de 200 páginas.

Plan promocional en la era digital: el mapa que guía la estrategia

Para construir un plan de promoción recomiendo que se divida en cinco grandes áreas: negocio, persona, mensaje, ejecución y evaluación-iteración.

En el apartado de *negocio* se habrá de desarrollar la visión, misión, propósito y estrategia. Luego se trabajarán los objetivos estratégicos de marca (en ellos se ha de incluir la mezcla de marketing), para trabajar después con el objetivo estratégico del *engagement plan* o del llamado plan de mezcla promocional.

En el apartado de *persona* debes construir la *buyer persona*, el *customer journey* y el DILO. En el de mensaje hay que concentrarse en diseñar la propuesta de valor tras haber descubierto el *insight*, de haber visto la oportunidad y de haber generado la cebolla de contenidos.

En la *ejecución* se ha de revisar la mezcla promocional o la estrategia de *owned media*, *earned media* y *paid media*, verificar el presupuesto que se tiene asignado y realizar un calendario que garantice que cada acción se llevará a cabo en las fechas correctas. La ejecución es el 60% del éxito de la estrategia.

Finalmente, la *evaluación-iteración* trata de definir los KPI, evalúa e itera.

A continuación presento el esquema:

Ahora un ejemplo de cómo crear la arquitectura de una campaña:

La arquitectura está hecha en forma de matriz, donde por un lado tenemos la mezcla de tácticas y, por el otro, tenemos las fases del embudo por las que pasará nuestro libro. Mirarlo de esta forma tan simple nos brindará claridad para entender dónde podemos complementar, modificar o iterar en la estrategia.

Dos principales retos de la industria editorial son la transformación digital, como facilitadora del negocio y no como el milagro que hará que los negocios funcionen. La transformación no pasa entonces por producir ebooks o incursionar en el camino de los audiolibros; se trata de cambiar y transformar nuestra mente, de cuestionarse y cambiar los procesos (automatizando muchos de ellos), de conocer y preparar a los perfiles de las personas que trabajan en los equipos, de enfrentarse a nuevos retos.

La digitalización es un camino por el cual la compañía se allana, pero no es la solución a todos los males. Si no se tiene claro el objetivo y la estrategia, la visión, la misión y el propósito, por más tecnológico y digital que se sea no se logrará tener éxito.

Así pues, la transformación digital tiene que ver con estructuras, con nuestros equipos de trabajo, con la creación de contenido (somos empresas de contenidos: tenemos una doble responsabilidad en la tendencia digital de que el contenido es el rey: hay que generar buenos contenidos que les den valor a nuestros consumidores o usuarios), con la era de las audiencias, con saber segmentarlas, entenderlas, ver dónde están, cómo impactarlas —nunca antes había habido tanto impacto en el lector—; estamos en la era de la información y la saturación de datos. Hay que tratar de buscar sistemas que automaticen los procesos de análisis para entregar valor a los autores, lectores y clientes y accionistas.

El otro gran reto será la inteligencia artificial generativa. Será necesario entablar todos los debates posibles en torno a analizar y reflexionar su valor ético, estético, económico y social porque, por un lado, elimina costos y tiempo; pero, por otro, crea muros y pantanos para los creadores. Como dijo Yuval Noah Harari, esta es "la primera tecnología de la historia que crea historias" por justo la capacidad que tiene de reproducir textos, imágenes, ilustraciones, videos o música.

El punto es quiénes han creado esta tecnología y los grandes sesgos que existen en la forma en la que fueron tomadas las bases de datos para el aprendizaje. Para Bill Gates, la IA es "como la creación del microprocesador, el ordenador personal, internet y el teléfono móvil" y añadió que "industrias enteras se reorientarán en torno a ella".[30] Esta tecnología llegó y no podemos soslayarla, es necesario aprenderla y cuestionarla, máxime al dedicarnos a la industria creativa.

El camino del marketing en la industria del libro a veces pudiera ser a contracorriente, todo el mundo tiene un mercadólogo dentro que sabe qué hacer, a quién dirigir sus esfuerzos, cuál es la mejor estrategia para un autor, para un libro, y puede que se minimice el trabajo que se pudiera realizar. Lo cierto es que una estrategia bien planeada y mejor ejecutada hace que su autor y el libro brillen, es una propuesta de valor en sí misma. Así como el marketing editorial no es una persona haciendo prensa y relaciones públicas, tampoco es un director o una gerencia creando y planeando. Al ser transversal a toda la organización, pasa por un equipo cohesionado y coherente; un equipo no es un grupo de personas que logran los objetivos individuales asignados por la empresa, sino que la responsabilidad (habilidad para responder) en un equipo es compartida, consensuada y se trabaja en continua colaboración para resolver los problemas que pudieran surgir, tiene un propósito, un orden y mucho respeto por las habilidades y debilidades de los otros. En la industria editorial, los autores no son de los editores, o los clientes de los equipos comerciales, ni mucho menos los lectores de marketing. Los autores son de todos, así como los clientes, los recursos económicos asignados y los lectores. No dejes que el pensamiento pequeño de "si no está roto, no tienes por

[30] https://www.eleconomista.es/actualidad/noticias/12204042/03/23/Puede-hackear-nuestra-civilizacion-Esto-piensa-sobre-la-IA-Yuval-Harari-autor-de-Sapiens.html.

qué arreglarlo" o "si el vaso está lleno o medio vacío", en lugar de esto a veces es mejor romper el molde para tener algo mejor. Con esto quiero pedirles que intenten encontrar nuevas formas de conquistar lectores, lleguen al máximo producto viable a través de pequeños pasos, iteren y vuelvan a comenzar si fallaron.

El desafío es grande y abrumador. Puede que asuste y por eso es necesario afrontarlo dando un paso a la vez: cambiando cosas pequeñas se hace la diferencia.

Immanuel Kant pensaba que el arte era una forma de comunicar experiencias universales que trascienden las limitaciones de la razón y la lógica. El arte de conquistar lectores se refiere justo a que conquistar lectores escapa y desborda completamente la lógica y la razón para convertirse en la forma de transmitir a través de un mensaje, una estrategia —y todo un equipo detrás— las emociones que un autor o un libro pueden inspirar en un lector, de cómo los momentos del libro son insospechados para que ese encuentro añorado por todos los que trabajamos en la industria del libro se dé, esos momentos mágicos que todos celebramos.

Con un poco de suerte, espero que este libro les haya inspirado y que siga su camino para ser encontrado. Si tienes alguna duda o inquietud y puedo ayudarte, escríbeme a hola@pilargordoa.com.

GLOSARIO DE TÉRMINOS

Número de impresiones (*number of impressions*). El número de veces que un anuncio se ha visto en la pantalla de los usuarios. Las impresiones también incluyen las veces que una misma persona ha visto un anuncio.

Alcance × frecuencia = impresiones totales

Número de clics (*number of clicks*). La suma del total del número de veces que tu anuncio ha sido clicado.

Número de leads (*number of leads*). El número total de contactos que son clientes potenciales y que has adquirido gracias a que después de visitar la web han decidido completar algún formulario o tipo de registro.

Conversiones. Una conversión es cuando un usuario completa la acción de marketing que nosotros hemos propuesto para él. Puede ser una descarga de contenido, la instalación de una app, rellenar un formulario o hacer una compra.

Alcance. Hace referencia al total de individuos que han visto los anuncios. Esto significa que cada usuario se cuenta de forma individual, independientemente del número de impresiones que haya recibido.

Tiempo en la web. Indica el tiempo total que un usuario gasta en nuestra plataforma.

Costo por mil (CPM). El costo por 1000 impresiones de un anuncio. La cantidad que vas a pagar por que tu anuncio aparezca 1000 veces.

Costo por clic (CPC). La media de costo por clic te enseña cuánto estás pagando por cada vez que alguien hace clic en tu anuncio.

CPC = presupuesto de la campaña / número de clics

Costo por *lead* (CPL). Esta métrica mide el costo medio de adquisición de un *lead* a través de tus anuncios.

CPL = total del gasto realizado en publicidad / *leads* generados

Costo de adquisición (CAC). Cálculo del total de inversión que cuesta adquirir un nuevo cliente.

Costo por adquisición (CPA). Cálculo de cuánto dinero cuesta cada adquisición o conversión. Esta métrica siempre debe ser mayor al CPC, ya que no todos los que realizan clic en nuestros anuncios se convertirán en clientes.

CPA = total de presupuesto para la campaña / número de adquisiciones

Valor del tiempo de vida del usuario (*lifetime value*, LTV). Es el valor neto de los ingresos que nos genera un cliente durante el tiempo que es nuestro cliente.

LTV = gasto medio × recurrencia adquisición × vida cliente

Retorno del gasto publicitario (*return on advertising spend*, ROAS). Es el total de retorno que recibe una compañía por cada dólar gastado en publicidad. El ROAS da como resultado un valor que surge de comparar la cantidad ganada y la cantidad gastada.

ROAS = (ingresos / inversión) × 100 (en %)

ROAS = ingresos por la campaña de anuncios / costo de la campaña

Tasa de rebote (*bounce rate*). Es el porcentaje de usuarios que abandonan una web sin haber navegado ni haber realizado alguna acción.

Tasa de rebote = número de usuarios que "rebotan" / total de visitas al sitio

Click through rate (CTR). Se trata de una métrica básica en SEM, *social ads* y *display*. Es el número de clics que obtiene un anuncio respecto al número de impresiones.

CTR = número de clics / número de impresiones × 100

Ratio de conversión (*conversion rate*, CR). El porcentaje de conversión que se recibe por cada 100 visitantes.

CR = (número de conversiones / número de visitas) × 100

Promedio de *engagement*. Es el resultado de la división entre el número de interacciones y el número de fans, dividido por el número total de publicaciones en el día, en el periodo seleccionado, multiplicado por 1 000.

Share of voice (SOV). Es el nivel de participación de un actor (una empresa, una marca, un usuario, un cliente) en un canal determinado. En marketing digital es muy importante saber la repercusión a nivel de participación que tenemos en nuestras acciones. Por ejemplo, en Instagram se habla durante un mes entero sobre novela histórica en 10 000 posts, y nuestra marca está presente en 5 000 de estos. Significa que tenemos un SOV de 50 por ciento.

Tiempo de visualización. El tiempo de visualización es la cantidad de tiempo que los usuarios han visto tu video.

Duración promedio de las visualizaciones. Es el tiempo total de visualización de un video dividido entre el número total de reproducciones, incluidas las repeticiones.

Ratio de bajas en las suscripciones (*unsubscribe rate*). Esta métrica indica el número de usuarios que ya no quieren estar suscritos a nuestra newsletter.

Unsubscribe rate = (usuarios que se han dado de baja / emails entregados) × 100

Porcentaje de rebote (*email bounce rate*). Esta cifra mide los emails que no llegan a entregarse a su destinatario por diferentes razones. Si el email no existe, hablamos de un *hard bounce*, mientras que si el email existe pero el correo no puede entregarse, hablamos de un *soft bounce*.

Email bounce rate = (total de emails retornados / total de emails enviados) × 100

Ratio de aperturas (*open rate*). Porcentaje de usuarios que llegan a abrir el mensaje con respecto a los emails entregados.

Ratio de entregas (*delivery rate*). Es el porcentaje total de emails que se han podido entregar a los suscriptores.

Delivery rate = (total de emails entregados / total de emails enviados) × 100

Promedio del valor del pedido (*average order value*, AOV). Se trata de medir cuánto gastan los clientes de media. Deriva del LTV (*lifetime value*).

AOV = ingreso total del producto / número total de compras

Tasa de abandono de carrito. Se refiere al porcentaje de personas que han visitado nuestra página, han añadido productos al carrito y lo han abandonado sin realizar una compra.

Tasa de abandono del carrito = (carros abandonados / carros creados) × 100

NPS (*net promoter score*). Esta métrica se utiliza para medir la lealtad que tiene un cliente hacia una marca concreta. Este indicador se basa en una sencilla pregunta: ¿con qué probabilidad recomendarías esta empresa a un amigo o compañero?, en cuya respuesta se pide a los clientes que contesten con una escala del 0 al 10. Esta poderosa medida es utilizada en un amplio abanico de sectores para medir la satisfacción de los clientes. Según la respuesta, el cliente se clasifica en detractor (0 a 6), pasivo (7 u 8) o promotor (9 o 10).

Net promoter score = % de promotores / % de detractores

Ingreso promedio por usuario (*average revenue per user*, ARPU). Se utiliza para realizar un seguimiento continuo del crecimiento anual de una empresa.

ARPU = ingresos totales / # de usuarios

AGRADECIMIENTOS

El arte de conquistar lectores está basado en el aprendizaje que he tenido durante mi carrera profesional, así que quiero agradecer a todas las personas que me han dado la oportunidad de aprender. Primero, a mi hijo Paulo y a mi esposo Christian por su paciencia. A María Elena, mi madre, que hoy ya no está conmigo, pero que con su eterna complicidad y acompañamiento me llenó de amor y ganas por crear y construir. A los CEO que me han permitido experimentar y equivocarme, Carlos Ramos, Jaume Mor, Gian Carlo Corte, Faustino Linares, Pedro Huerta y Roberto Banchik; a cada uno de mis colegas, locales y a los internacionales de los que siempre aprendo y me inspiro. A los miembros de los equipos que he liderado y que me han acompañado a lo largo de estos años mi más profundo agradecimiento, mi admiración y respeto. Hemos compartido momentos de muchas alegrías, satisfacciones, tristezas, frustraciones y reflexiones. Han sido, sin dudarlo, más momentos buenos en los que nos hemos divertido muchísimo y hemos hecho magia juntos. A los autores que han puesto en nuestras manos la promoción y difusión de sus historias, ¡gracias! Gracias a mis amigos libreros porque sin su complicidad el trabajo que hacemos no tendría visibilidad. El mundo del libro siempre demanda tiempo y calidad, seguimos en este camino y lo constatamos cada día.

Finalmente, quiero agradecer al maravilloso equipo que ayudó a hacer de este libro una realidad. Primero a Enrique Calderón, mi editor, por creer en él, a Lalo Flores y a Amalia Ángeles. También a Jimena Diez y a María de la Garza por sus atinados comentarios. A Ariel Rosales porque de su mano inició todo, gracias por su complicidad. Si han llegado hasta acá, gracias infinitas a mis lectores.

El arte de conquistar lectores de Pilar Gordoa
se imprimió en mayo de 2024
en los talleres de
Litográfica Ingramex, S.A. de C.V.,
Centeno 162-1, Col. Granjas Esmeralda, C.P. 09810,
Ciudad de México.